Francisco Ferrer y Guardia: il martirio e l'occultamento del dogma

di Lorenzo Pancaldi

ISBN 9798321591567

l'Universale

Proprietà letteraria riservata

Per quanti non sono immemori del tuo martirio, Francisco Ferrer! Per quanti, davanti al tuo martirio, si sentono fiorir dall'anima il nome che tu avevi dato al tuo asilo: Germinal! Perchè qualcosa deve pur germinare, in un lontano Aprile.

Luigi Campolonghi, 1909

Sommario

Introduzione

Questo libro si prefigge lo scopo di raccontare l'esperienza di Francisco Ferrer e della Escuela Moderna, una scuola fondata sulla teoria libertaria e anarchica dell'educazionismo, nella Barcellona di inizio Novecento. Ci sono alcuni uomini nella Storia, la cui morte ha un valore simbolico tale da capovolgere, intensificare o edulcorare il significato e l'importanza delle azioni che hanno realmente intrapreso durante il corso della loro vita. Ferrer è uno di questi. Uomo dai molti volti: anarchico, pensatore, pedagogista, repubblicano e sovversivo, venne ingiurato e calunniato durante la sua travagliata vita dalle stesse persone che crearono la sua mitizzazione post mortem. La sua vicenda esistenziale ci condurrà attraverso le vie di Barcellona del lungo Ottocento; la sua condanna, potrà forse farci riflettere sulla potenza di espiazione, di autoepurazione e di agnizione della morte.

La centralità della sua figura nell'ambito dell'educazionismo anarchico del secolo XX è ormai ampiamente accettata dalla storiografia. Tale riconoscimento ebbe una iniziale evoluzione a causa del processo di mitizzazione della figura di Ferrer da parte di vari intellettuali europei, in seguito alla condanna che lo condusse al patibolo, in un giorno d'Autunno del 1909.

La tesi centrale dell'elaborato riguarda l'esperienza pratica della Escuela Moderna di Barcellona. Un'esperienza rivoluzionaria, che ebbe poche analogie nel mondo educazionista europeo di inizio secolo. Ferrer agì in un contesto in cui l'influenza dell'istituzione ecclesiastica nel mondo dell'educazione era opprimente e secolare. In questa ottica, verrà trattata con particolare attenzione l'ambizione di Ferrer di sostituire il monopolio dell'educazione alla classe clericale e le conseguenze che derivarono dalla sua radicale concezione dell'educazionismo. Come impronta metodologica, si cercherà di sottrarsi alla polarizzazione che la figura di Ferrer e, per estensione, l'esperienza scolastica, creò intorno a sé. Da una parte, i ciechi estimatori che videro nel pedagogo di Alella una figura in grado di rivoluzionare l'intero ordine costituito, permeato da un atavico e opprimente conservatorismo; dall'altra i critici reazionari, che stigmatizzarono la sua figura, dipingendolo come un massone di provincia, le cui lacune culturali sarebbero state colmate da un'anarchica tendenza alla sovversione dell'ordine. Si tratta ovviamente di rappresentazioni parossistiche e stereotipate che, lungi dall'esprimere un giudizio obiettivo su Francisco Ferrer, cercano di permeare la sua figura, fino a farla conciliare con i propri schemi interpretativi e i propri modelli di società.

Lo scopo centrale dell'indagine è capire quale modello di società si immaginasse il Ferrer pensatore, quale tipo società avrebbe voluto creare il Ferrer pedagogista, e in che modo vada concepita la sponda tra i due mondi, tra l'ideologia e la pratica, che si manifesta nella creazione e nelle innovazioni strutturali introdotte nella Escuela Moderna.

Per fare ciò, analizzeremo innanzitutto gli strumenti culturali e ideologici che crearono le premesse di questa diversa – e per certi versi innovativa- concezione di educazione[1].

---

[1]   Nel senso etimologico del termine educere, ossia "condurre

Attraverso la lettura del suo manifesto ideologico[2], osserveremo le innovazioni introdotte, senza dimenticare di contestualizzare l'opera nell'ambito delle varie esperienze -di carattere prevalentemente privato- di rinnovamento dell'educazione nell'Europa a cavallo tra i secoli.

Sarà forse fin da subito necessario interrogarsi su un punto chiave: può il processo educativo essere modellato al punto da diventare la premessa necessaria alla rivoluzione?

Un'educazione ovviamente non fine a se stessa, ma base spirituale per la creazione di quell'homo novus in grado di creare un ordine diverso, orientato e al contempo sospinto dal progresso.

Gli insegnamenti impartiti nelle aule dell'Escuela Moderna dovranno forse considerarsi come strumenti concettuali propedeutici a capire il mondo reazionario che sfrutta l'intelligenza e la capacità dei giovani uomini per la conservazione dello status quo e progressivamente intraprendere un processo di emancipazione? O sono forse da intendersi come strumenti atti alla creazione di pericolosi sovversivi per una rivoluzione immediata, a lungo attesa e costantemente mancata? La vita e l'opera di Ferrer sono intrecciate intimamente in questo binomio e, come vedremo, le interpretazioni coeve e storiografiche sono le più variegate. Infatti, benchè si possa considerare la sua figura e le sue idee come superate, perchè proprie di

---

fuori"

2   Ferrer, Francisco, La Escuela Moderna, Barcellona, 1912. Il libro uscì postumo, tre anni dopo la morte, e rappresenta il manifesto della sua visione politica ed educazionista.

una dimensione che poco ha a che vedere con il mondo odierno; la sua multidimensionalità, causa primigenia della sua morte, ha reso difficile, per molto tempo, una valutazione della sua figura fondata sull'acribia.

D'altra parte, è possibile scorgere un circolo vizioso nel processo educativo-rivoluzionario. La parte teorica, quella di preparazione al mondo nuovo, è identificata col candore e l'innocenza che da sempre si accosta ai fanciulli. I bambini in età scolastica vengono considerati come agenti dotati di intelletto proprio, le cui capacità naturali, trasversalmente concepite, devono essere convogliate verso la creazione di una società fondata sull'egualitarismo e sul rispetto della dignità umana, senza distinzione di sesso. I ragazzi devono cambiare il mondo perché è insita in loro la necessità di un cambiamento dello status quo? Si rischia qui di sfiorare il paradosso, andando incontro a un naturalismo etico che verrebbe strumentalizzato dalla prigione ecclesiastica. È possibile che due schemi interpretativi della società, partendo da basi ideologiche antitetiche, sviluppando una visione del mondo diversa, arrivino alla stessa conclusione? Che ruolo avrebbe avuto la Chiesa nel modello societario di Ferrer?

Una primaria distinzione da operare riguarda la *visione ontologica dell'infante*: da una parte, data l'influenza del pensiero razionalista illuministico, gli si riconoscono le caratteristiche necessarie alla autodeterminazione e comuni a ogni individuo; dall'altra, tali caratteristiche sono negate, in relazione a un pensiero secolare che vede negli infanti una figura non sviluppata e non completa di uomini. L'oggetto da abbattere, attraverso l'educazione, è la società per come si è manifestata e nelle forme in cui si è manifestata: l'Escuela si pone in antitesi rispetto al carattere prettamente conservatore della società stessa. Andando più a fondo nell'analisi, ci si soffermerà su un elemento della Escuela che al tempo stesso rafforza le conseguenze della polarizzazione, avvicinandone la base teorica.

Si tratta della desacralizzazione dello schema tripartito cristiano, e della sostituzione di Dio con il Dio del progresso, attraverso l'occultamento del dogma. Un argomento teorico a lungo dibattuto, che potrebbe avere in questa esperienza una valida rappresentazione.

Come detto, il bambino viene considerato da Ferrer un essere umano a tutti gli effetti, in grado di apprendere, conoscere ed emanciparsi attraverso la sua libera volontà. Il compito della scuola deve essere "equipaggiare" l'infante con gli strumenti concettuali che permettano la creazione di una libertà collettiva, fondata sul principio della solidarietà.

Si cercherà dunque di comprendere la figura di Francisco Ferrer y Guardia a partire da una breve seppur necessaria contestualizzazione dell'ambito storico in cui visse.

La sua giovinezza e soprattutto la sua burrascosa età adulta, dall'esilio a Parigi al triste epilogo nel Montjuic, vanno necessariamente inquadrate nel contesto di una società che vive forti spinte emotive e ideologiche e attraversa una fase di strutturale modificazione, sullo sfondo più ampio della seconda rivoluzione industriale.

Nel secondo capitolo prenderemo in analisi il pensiero dell'anarchico spagnolo, attraverso lo studio della struttura dell'Escuela Moderna, le sue implicazioni sociali, le influenze che i grandi pensatori libertari europei ebbero nella sua maturazione intellettuale. Le conseguenze della radicale concezione dell'educazionismo razionale di Ferrer, saranno oggetto di una approfondita disamina teorica, attraverso la decostruzione del modello della Escuela Moderna. Specialmente nella dimensione teorica, che insieme alla ricostruzione biografica del personaggio è il pilastro dell'elaborato, ci sentiamo di proporre alcune considerazioni sul modello che fece scuola. Non vi è qui alcuna presunzione risolutiva, ma l'intento di lasciare libera interpretazione al lettore.

Il terzo e ultimo capitolo dell'elaborato è strutturato in due sezioni. Nella prima parte, si cercheranno di indagare le reazioni immediate dei variegati mondi anticlericali al tragico epilogo della vita di Ferrer nelle più importanti città europee, da Parigi a Roma. Seguirà un'analisi sull'influenza di Ferrer, sulla ricezione che ne ebbero i pedagoghi libertari e sulle esperienze pratiche che si crearono negli anni immediatamente successivi al 1909.

La seconda parte del capitolo, riguarda la mitizzazione e il processo di santificazione laica che investì il pedagogo di Alella dopo la sua morte. Si cercherà di analizzare un possibile processo psicosociale di agnizione reciproca e collettiva e, di riconoscere il tentativo di "auto assolvimento", attraverso la mitizzazione della figura di Ferrer, da parte dei responsabili morali della sua tragica fine. Il riconoscimento, cioè, della propria colpevolezza, attraverso la potenza simbolica della morte altrui.

In ultima analisi, ci si interrogherà sull'utilità del rievocare una Storia che, da un certo punto di vista, nel mondo in cui ci troviamo a vivere, può considerarsi "superata". Il filo rosso che attraversa tutto il racconto si manifesta in una semplice domanda: è possibile

12

considerare alcuni valori umani come "universali", o è forse necessario, adattando un modello prettamente storicista, circoscrive la validità degli insegnamenti proposti alla dimensione storica in cui gli agenti vissero e sperimentarono tali idee e azioni?

Il lascito di Ferrer ai posteri, dunque, la sua eredità morale.

L'elaborato non ha la pretesa di trovare soluzioni agli interrogativi posti, ma quella di attuare alcune riflessioni, e soprattutto lasciare campo alle interpretazioni D'altronde, è la stessa personalità enigmatica di Ferrer e la sua tragica fine a rimanere, dopo più di un secolo, fonte di molti dubbi e di poche certezze.

LA VITA

Il periodo giovanile, l'educazione nella Spagna di fine Ottocento

«One thing, at all events, Ferrer enemies had succeeded in doing, they made him famous» [3]

Per quanto riguarda la sua infanzia, tra le varie fonti, ci siamo affidati soprattutto alla biografia scritta dalla figlia, Sol Ferrer[4] a quella coeva ai fatti, di William Archer. [5]

Francisco Ferrer y Guardia nacque il 10 Gennaio 1859 ad Alella, anonimo comune catalano a circa 15 km da Barcellona. I genitori di Ferrer erano piccoli proprietari terrieri "campesinos acomodados", ferventemente cattolici e di indirizzo monarchico e radicalmente anti repubblicano: una famiglia contadina conservatrice di livello medio-alto, non diversa da moltre altre nella campagna catalana del primo Novecento. Il giovanissimo Ferrer accompagnava tutte le mattine la madre in Chiesa, esercitando da chierichetto. Tredicesimo di quattordici

---

[3]   Archer, William, The life, trial and death of Francisco Ferrer, Ed. Moffat and Yard company, New York, 1911.

[4]   Ferre, Sol, Vida y obra de Francisco Ferrer, Caralted, 1980 Da questa biografia abbiamo attinto soprattutto gli aspetti aneddotici o personali di Ferrer. Il libro, seppur ben scritto, ha la peculiarità di non citare quai mai le fonti. *Ringrazio Fiammetta Chessa dell 'Archivio Berneri- Chessa di Reggio Emilia per la possibilità di consultare il libro in lingua castigliana, poiché non ho trovato, della versione francese, alcuna traduzione italiana.*

[5]   Archer, William, The life, trial and death of Francisco Ferrer, cit., p.85

fratelli, ebbe un'infanzia piuttosto turbolenta, in cui iniziarono a manifestarsi i prodromi di uno spirito ribelle che lo avrebbe contraddistinto per tutta la sua vita. Ricevette un'educazione molto severa nella scuola di Alella, un piccolo centro di istruzione che, nei fatti, era un'estensione dalla parrocchia del paese. Le lezioni riguardavano quasi esclusivamente l' insegnamento del catechismo e lo studio della storia sacra; il sistema pedagogico vigente non lesinava castighi corporei ai giovani studenti: il principio di fondo del modello educazionista si poteva riassumere nella seguente massima: «la letra, con sangre entra»[6]. Ferrer abbandonò molto giovane la scuola[7]. Il congedo ante tempus dall'istruzione pubblica inciderà molto nella vita di Francisco, ma soprattutto, come vedremo, servirà ai detrattori per sottolinearne la scarsa preparazione culturale. «A tredici anni venne messo a lavorare da un tappezziere libero pensatore, il quale contribuì a liberarlo dal pregiudizio religioso. Quello non fu che una prima tappa verso il razionalismo... non fu che molto più tardi

---

[6] "La parola, entra col sangue". Ferrer, nella fase preparatoria della creazione dell'Escuela Moderna, avrà modo di dire che l'obiettivo della sua scuola sarà fare tutto il contrario "al revés", di ciò che aveva sperimentato e subìto negli anni di Alella. L'esperienza infantile diventa quindi un terreno a cui attingere per ribaltare completamente il paradigma educazionista. Sull'importanza della dimensione adolescenziale di Ferrer, avremo modo di tornare più avanti.

[7] L'impreparazione culturale sarà uno degli elementi di maggior critica da parte dei suoi detrattori. Ferrer, nonostante uno scarso percorso di istruzione "istituzionale", continuò a leggere fino agli ultimi giorni della sua vita.

che egli riuscì ad emanciparsi completamente, tant'è che aveva lasciato battezzare la sua prima figlia, dandole anzi il nome di Trinidad»[8] L'incontro con il tappezziere fu il primo incontro politicamente rilevante, ma è necessario prima ricordare un episodio antecedente, che influì nella formazione del carattere di Ferrer. Insieme a suo fratello maggiore José, venne allontanato dalla famiglia appena dodicenne. La rottura con la famiglia trova la sua spiegazione nello scontro con un prete corrotto del posto, il cui rapporto con la famiglia oltrepassava l'ambito spirituale, tanto da avere voce in capitolo negli affari dell'azienda. Alla morte dello zio materno,[9] il parroco vietò ai due fratelli di prender parte al funerale. I due, in seguito a tale interdizione, denunciarono la corruzione del parroco di famiglia all'arcivescovo, senza però consultare previamente i genitori. La famiglia non tollerò un atto così eclatante di indisciplina, inoltre lo scandalo si era velocemente propagato per tutta la piccola comarca, e li allontanò. I due fratelli presero strade diverse e Francisco, appena tredicenne, si trasferì a Barcellona, nel quartiere popolare di San Marti de Provencals, dove iniziò a lavorare come contabile a casa di un liberale, amico di famiglia. Il

---

[8] Frogmentin, Alfredo, "La verità sull'opera di Francisco Ferrer", La Scuola Moderna, Bologna,1910. Sulla professione dell'uomo vi sono interpretazioni diverse. Ad esempio, William Archer lo definisce un commerciante di mais. Non vi sono opinioni discordi per quanto riguarda, invece, l'influenza che ebbe sul giovanissimo Francisco.

[9] Figura che influenzò l'infanzia di Ferrer, meno incline al bigottismo cattolico della famiglia. La figura dello zio e del parroco corrotto indussero Ferrer ad avvicinarsi a ideali anti clericali prima di lasciare Alella.

"patrono", di ideali progressisti e repubblicani, lo iscrisse alle lezioni notturne che si impartivano nelle scuole operaie[10]. Ferrer si trovò dunque catapultato in una realtà completamente diversa rispetto al piccolo paese natale, e in un periodo storico di particolare rilevanza per quanto riguarda gli assetti politici e istituzionali del Paese. L'11 Febbraio 1873, pochi giorni prima del suo arrivo a Barcellona, il re Amedeo di Savoia (el "Rey caballero", figlio di Vittorio Emanuele II), rinunciava ufficialmente al trono davanti a "las Cortes". Veniva così proclamata la Prima Repubblica Spagnola. La parentesi repubblicana fu un'illusione che durò circa dieci mesi. Come vedremo, nel Dicembre dell'anno seguente, iniziò il periodo della Restaurazione borbonica.

A 20 anni, nel 1879, Francisco accedette alla compagnia ferroviaria Madrid-Saragozza-Alicante, in qualità di supervisore e controllore dei biglietti. Questo lavoro, di per sé banale, gli permise però di entrare in contatto con alcuni elementi di spicco del repubblicanesimo spagnolo, tra tutti Manuel Ruiz Zorrilla, il leader repubblicano in esilio a Ginevra. La possibilità di passare con frequenza giornaliera la frontiera, infatti, lo fece diventare un "medium", un contatto tra il leader esiliato e i militanti repubblicani spagnoli. Zorrilla, che ebbe una forte influenza nell'integrazione di Ferrer nel mondo repubblicano e anticlericale, era un affiliato alla loggia massonica del Grande Oriente Spagnolo. In effetti, il repubblicanesimo spagnolo (e non solo), era tradizionalmente legato alla massoneria: << la masonería es una asociación discreta, que no secreta, encaminada

---

[10] In Spagna erano definiti "Ateneos obreros".

18

hacia la reflexión intelectual y moral y hacia la acción filantrópica, pero ello no excluye que en determinados momentos y lugares haya ejercido un importante papel como grupo de presión político o incluso como instrumento conspirativo»[11]. Anche Ferrer, di lì a poco (nel 1883), sarebbe stato "iniziato" alla loggia massonionica del Grande Oriente spagnolo, "La Verdad". Questo elemento è da tener presente in funzione degli argomenti che si svilupperanno, per due motivi. In primo luogo, il suo legame con la massoneria fu criticato da molti dei suoi detrattori, soprattutto dalla parte intransigente di un certo cattolicesimo catalano; in secondo luogo, il nome da lui adottato per l'iniziazione nella loggia massonica fu "Cero" (Zero). Nel tragico processo che gli sarà intentato nel 1909, la tesi accusatoria riprenderà questo elemento, collegandolo al fatto che Ferrer scrisse diversi articoli di incitazione sovversiva, con lo pseudonimo, appunto, di "Cero".

Ma torniamo al giovane Ferrer e alle sue vicissitudini. In uno dei suoi numerosi viaggi, conobbe Teresa San Martìn, giovane benestante e cattolica. La prenderà per moglie a 21 anni, ma il loro rapporto sarà sempre molto tumultuoso. William Archer racconta un episodio piuttosto curioso, qualche anno dopo, quando Ferrer, esiliato a Parigi con moglie e figli al seguito, fu quasi colpito da un proiettile scagliato dalla mano della moglie.

Come detto, il contesto in cui il giovane Ferrer si

---

[11]   Avilés, Juan, Republicanismo, librepensamiento y revoluciòn: la ideologìa de *Francisco Ferrer y Guardia*, in "Ayer" (2003), No 49, La politica exterior de España en el siglo XX (2003), p.253

addentrava nel mondo della politica repubblicana, era quello della Restaurazione Borbonica. La Spagna di fine secolo era un Paese piuttosto arretrato, che aveva conosciuto secoli di declino e che si apprestava perdere le ultime terre del suo glorioso impero.

Dal punto di vista educativo, la situazione nel paese iberico era disastrosa: a inizio secolo, solo 6 milioni dei 18 che abitavano il Paese sapevano leggere e scrivere, il tasso di analfabetismo sfiorava il settanta per cento. Il Ministero della Pubblica Amministrazione verrà istituito solo nel 1899, mentre le varie amministrazioni che governarono il Paese dalla Restaurazione, utilizzarono sempre una minima parte del bilancio pubblico per il sistema educativo. Gli insegnanti operavano in condizioni difficili, in luoghi oscuri e sporchi, e il riconoscimento sociale della professione non era assolutamente elevato. Il disprezzo generale verso la professione e i salari bassi rendevano la figura dell'insegnante invisa ai più, coperta di un vero e proprio discredito sociale.

La Chiesa aveva un ruolo preponderante nell'istruzione e negli insegnamenti confessionali. Di fronte a questa difficile situazione dell'istruzione pubblica sorsero, nella seconda metà dell'Ottocento, alcune e isolate scuole private di carattere laico; le organizzazioni operaie creano i propri atenei, nei quali si impartivano lezioni notturne di lettura e di scrittura. Nel 1876, un gruppo di professori universitari fondò, su iniziativa di Francisco Finer de los Rios, la "Instituciòn Libre de Ensenanza", che introdusse in Spagna nuovi concetti educativi, come il contatto con la natura e la pratica dello sport, applicando per la prima volta nel Paese metodi "intuitivi" e razionali nell'ambito pedagogico. La Chiesa difese i suoi tradizionali diritti riguardanti l'educazione, appellandosi al concordato dello Stato spagnolo con la Santa Sede, per richiedere la messa al bando delle scuole laiche. Josè Marìa Urquinaoa, arcivescovo di Barcellona dal 1874 fino alla sua morte, era il rappresentante della radicale opposizione del potere ecclesiastico alle nuove teorie libertarie dell'educazione, che avrebbero comportato il rischio di sottrazione del secolare monopolio educativo. «Por muchos conocimientos que en las escuelas laicas pudiesen adquirir los niños, saldrán de ellas en la condiciòn de monstruos, porquè monstruos, en verdad es un hombre desprendido de Dios, que ni le conoce, ni le ama, ni le obedece, ni le sirve. De ese hombre hay que temerlo todo.» [12]

Come è facile immaginare, le idee libertarie di queste nuove istituzioni, avrebbero orientato i bambini verso la via della perdizione, della lontananza da Dio e di Dio, avrebbero cioè generato dei mostri, per quanto suppostamente eruditi. «La pedagogia antiautoritaria, le manifestazioni e le realizzazioni che prodotto, sono il risultato di una combinazione di due elementi decisivi: il primo è quello della storia libertaria del movimento operaio e contadino spagnolo, l'altro è quello del movimento culturale e filosofico del razionalismo e del positivismo locale»[13]. In questo contesto, dunque, sorsero i primi esperimenti di teoria libertaria opposta

---

[12] Gonzàlez, Julio Reyero, Iglesia y anticlericalismo en los procesos revolucionarios en España, ediciones@17delicias, 2021, p.18

[13] Codello, Francesco. "La Buona Educazione". Esperienze libertarie e teorie anarchiche in Europa da Godwin a Neil, ed. FrancoAngeli Storia, 2005, p.572

all'autoritarismo imperante. Come vedremo, la storia di Ferrer, nonostante la sua origine sociale contadina, appartiene al secondo "elemento decisivo", ovvero quello del movimento culturale del razionalismo positivista.

«A differenza che in altri Paesi e all'opposto dell'Inghilterra, in Spagna la contrapposizione tra un'educazione laica e una religiosa (cattolica)fu da elemento importante per la fondazione di due opposte pedagogie (...) , la religione costituisce il punto centrale della pedagogia nei confronti della quale crescono e si radicano, anche con atteggiamenti e comportamenti estremi, tutti i confronti relativi alla cultura e al significato da attribuire all'istruzione e all'educazione»[14] . La Chiesa è dunque il perno centrale intorno a cui ruota l'idea di educazionismo libertario e anarchico nella società spagnola. È una teoria che prende corpo in Spagna con una finalità emancipatoria e oppositiva, in antitesi a una determinata condizione di oppressione clericale, e al suo monopolio nell'educazione delle menti dei bambini.

Conviene però ricordare alcune esperienze pratiche che tentarono di sovvertire il sistema d'istruzione vigente. Il punto in comune di tali esperienze, riguardava la necessità di un cambiamento che non contemplasse la sfera statale, che sfuggisse dal riformismo pubblico, che fosse privato ed emancipatore al contempo. Ogni tentativo di riformismo pubblico, nella visione più radicale della teoria libertaria, avrebbe avuto l'indesiderato effetto di potenziare, e non diminuire, il potere vigente.

Il primo vero esperimento di istruzione popolare in Spagna fu il "Fomento de las Artes", che nacque a Madrid

---

[14] Ibidem.

nel 1847, su iniziativa di Inocencio Riesco. Ebbe una certa risonanza negli ambienti dell'educazionismo socialista:« in particolare a frequentare con sistematicità e convinzione le attività culturali del "Fomento", è Anselmo Lorenzo, che testimonia proprio dell'importanza di questa struttura che coniuga momenti ricreativi con vere e proprie lezioni di cultura popolare, organizza corsi di studi primari per bambini della classe operaia di giorno, e corsi di disegno, grammatica e francese la sera per gli adulti»[15] .

L' "Instituciòn Libre de la Enseñanza", del 1876, sorse sull'onda emotiva rispetto al repressivo "decreto Orovio", il cui nome deriva dal marchese, ministro dei trasporti, Manuel Orovio Echague. Con il decreto si proibivano concretamente gli atti o gli insegnamenti orientati a criticare il dogma cattolico.[16] «Vi furono alcune esperienze

---

[15] Ivi, p. 573

[16] Il decreto legge reazionario, espressione manifesta del ritorno della Restaurazione politica, si fondava su tre principi, ravvisabili nella circolare in appendice al decreto legge. "Tres puntos capitales se dirigen las observaciones del Ministro que suscribe, a evitar que en los establecimientos que sostiene el Gobierno se enseñan otras doctrinas religiosas que no sean las del Estado; a mandar que no se tolere explicación alguna que redunde en menoscabo de la persona del Rey o del régimen monárquico constitucional; y, por último, a que se restablezcan en todo su vigor la disciplina y el orden en la enseñanza.". Alcuni professori universitari, di tendenze repubblicane o invisi alle imposizioni decretate, furono espulsi o abbandonarono la cattedra. Una parte di questi, fondò il primo esperimento di educazione libertaria, la già citata Instituciòn de Enseñanza Libre".

che, sull'onda di Madrid, cercarono di mettere in pratica le teorie pedagogiche libertarie, ma gli ultimi anni del secolo XIX vedono, come in altri Paesi europei, una crisi del movimento libertario spagnolo(...). La reazione statale culmina con l'approvazione di una norma da parte delle Cortes, del 1896, che autorizza le varie autorità competenti a sopprimere tutti i periodici, i centri e i luoghi di cultura di ispirazione anarchica. Ciò comporta la chiusura di settanta scuole laiche».[17] La repressione avviata nell'ultimo quarto di secolo, mise a dura prova il movimento libertario che, in poco tempo, vide spegnersi l'iniziale spinta propulsiva del '76. Bisognerà aspettare l'inizio del Novecento perché tale movimento[18] potesse dispiegarsi pienamente, seppur nelle difficoltà ataviche che avrebbe incontrato.

Dunque, se si possono ravvisare i prodromi nella seconda parte dell'Ottocento di quella che sarà l'esperienza dell'Escuela Moderna, è necessario constatare che la dimensione di questo fenomeno era assolutamente marginale, e vittima di una repressione sistemica da parte dello Stato. In un certo senso, come si vedrà, sarà proprio la marginalità di queste esperienze a renderle uniche e

---

[17]   Codello, La Buona educazione, cit., p. 578

[18]   In questa fase introduttiva, si può ravvisare una dimensione omogenea degli "esperimenti" libertari e razionali . Vorrei però qui specificare che il "movimento razionale", soprattutto negli anni successivi, fu profondamente variegato, attraversato da anime spesso conflittuali tra loro, sia dal punto di vista organizzativo-pratico, che dal punto di vista ideologico.

pericolose agli occhi di molti contemporanei.

L'esilio in Francia e la signorina Meunier

Ferrer fu implicato in una sommossa popolare barcellonese repubblicana, la rivolta di "Santa Columna", nel Settembre del 1886. Il generale Manuel Villacampa de Castillo, che aveva avuto un ruolo di prim'ordine in Andalusia nel sollevamento del 1868 (
sommossa ricordata come "La Gloriosa"), e nel conseguente stabilimento del sessennio democratico fino alla Restaurazione Borbonica, non riuscì questa volta nell'intento di sovvertimento del regime monarchico. La rivolta, preparata congiuntamente con Zorrilla, fu soffocata, e il generale imprigionato a Melilla. Francisco Ferrer, costretto all'esilio, riparò in Francia, a Parigi. I quindici anni del periodo parigino sono gli anni fondamentali per la maturazione del pensiero e per la creazione della rete di contatti che gli permetteranno di creare la scuola: frequenta assiduamente gli ambienti massonici, insegnando spagnolo alla Loggia del Grande Oriente ed in varie altre scuole; per un certo periodo, poi, lavora come segretario del leader del Partito Repubblicano progressista Ruiz Zorrilla, già incontrato nei viaggi di frontiera, di cui Ferrer fornisce questa descrizione: «Don Manuel, uomo di larghe vedute e non sufficientemente prevenuto contro le miserie umane, era solito qualificarmi di anarchico ogni qual volta mi sentiva esporre una soluzione logica e dunque radicale, contraria all'arbitrio riformista ed ai radicalismi d'elite presentati dai

rivoluzionari spagnoli che l'assediavano e sfruttavano»[19]

«Si tratta forse della più eminente figura del repubblicanesimo moderato, già incontrato peraltro ai tempi della ferrovia. A Parigi, dunque, grazie alla sua amicizia con Zorrilla, incontra inoltre leaders politici, pedagoghi ed intellettuali»[20]. Ferrer, con la famiglia al seguito, dovette adeguarsi ai lavori più modesti per vivere dignitosamente. È necessario comunque ricordare che una parte importante della sua vita privata è legata alle sue tendenze libertine nella Francia di fine secolo. Secondo Rosa, infatti, «la passione per le donne era tanta come quella che sentiva per la rivoluzione, non era un caso che, nei circoli parigini, venisse soprannominato il Sultano Rosso»[21]. Divorziò dalla moglie dopo la morte dei suoi due figli maggiori, e in seguito al già citato episodio del tentato omicidio, nel Barrio Latino d Parigi, in cui si era stabilito.

Il 1894 è un anno spartiacque della vita di Ferrer, anno

---

[19] Francisco Ferrer y Guardia, La scuola moderna e lo sciopero generale, Lugano, Ed. La Baronata, 1980, pp.45-47

[20] Ferrer, La Scuola Moderna, nota introduttiva di W.M., p.8.

[21] Maura, La Rosa de fuego, cit., p.112 Ci sentiamo di non considerare il libertinaggio di Ferrer come un elemento che esuli dalle questioni più centrali della tesi. E' necessario ricordare che una componente importante di una certa tradizione operaista considerava la necessità di morigeratezza, integrità e sobrietà nella vita lavorativa e privata dei lavoratori, come elemento essenziale verso l'autodeterminazione. Non si può considerare il libertinaggio di Ferrer come simbolo di un modello anarco-socialista da opporre alle imposizioni morali del corpo della Chiesa cattolica.

in cui conobbe la borghese signorina Ernestina Meunier, con la quale intraprese alcuni viaggi in Europa e della quale, come consueto nella sua opera di scrittore, egli stesso fornisce una rappresentazione particolareggiante: «Tra i miei allievi c'era la signorina Meunier, una ricca signora, senza parenti, molto appassionata di viaggi, che studiava lo spagnolo perché intenzionata a fare un viaggio in Spagna. Cattolica convinta, grettamente e scrupolosamente osservante: per lei la religione e la morale erano la stessa cosa, e l'incredulità o l'empietà erano il segno evidente di immoralità, libertinaggio e crimine»[22]. Non è difficile riconoscere la descrizione di una figura antitetica al Ferrer, incarnazione di un cattolicesimo conservatore e bigotto, che il pedagogo considerava come il male assoluto della società a lui contemporanea. Si incontrano qui le abilità retoriche del catalano, influenzate dall'imperante clima positivistico: «dato che anteponeva la fede alla ragione, i suoi deboli ragionamenti si sgretolarono di fronte alla forte logica dei miei»[23] che riuscirono a convincere la bigotta borghese ad attuare una sorta di conversione verso gli ideali del progresso. Si trattò di una conversione laica ispirata dalla potenza delle idee, le cui conseguenze fornirono le basi materiali ed economiche del progetto educativo futuro di Calle Bailèn. Si è molto discusso sul testamento della signorina Meunier[24]. Non è difficile immaginare che i molti nemici

---

[22] Ferrer, La scuola moderna, cit., p.21

[23] Ibidem

[24] Non vi è traccia nel testamento, nemmeno nell'archivio della "Fundaciò Francisco Ferrer y Guardia". Questo elemento ha alimentato varie dietrologie, per cui Ferrer avrebbe nascosto

del Ferrer in Patria giudicassero questo lascito come una circuizione progettata e promossa dall'abilità retorica del pedagogo per ottenere l'eredità della borghese. Al di là delle considerazioni malevole o strumentali dei coevi [25], la Scuola Moderna venne in effetti finanziata con fondi borghesi, seppur di un "conservatorismo convertito in progressismo dalla forza delle idee progressiste".[26] Ad

---

le tracce dell'eredità. Ad esempio, si consideri: Constant, Leroy, *Los misterios del anarquismo, Mexico, Impronta Renacimiento, 1913*. L'autore adotta una visione intimistica della vita di Ferrer, ed esalta il comportamento violento nei confronti delle donne come continuum. Il punto culmine di questi comportamenti, basato su una fonte piuttosto discutibile, sarebbe l'uccisione della cattolica convertita: "No conviene matarla, porque ya sabes lo que ocurrió con Ferrer, y lo difícil que fue arreglar el asunto, y sería muy peligroso el que un discípulo suyo hiciera lo mismo. Aquella tarde quedamos plenamente convencidos de que Ferrer había acelerado la vida de Mlle. Meunier para apoderarse de su fortuna». Constant, Leroy, Los misterios del anarquismo, cit., p. 18. In ogni caso, questa visione, che contempla l'omicidio per appropriarsi della cospicua eredità, non è rintracciabile in altre fonti. Il libro è una radicale invettiva contro Ferrer e la sua scuola, scritto in seguito (e sull'onda emotiva), dell'attentato anarchico contro il Presidente del Consiglio Josè Canalejas Mendèz, il 12 Novembre 1912

[25] La contraddizione tra i fondi materiali della scuola e la finalità dell'insegnamento, non viene sottolineata solo dai tanti nemici di Ferrer come Constant Leroy (vedi nota precedente). Anche Frogmentin, che citeremo spesso nell'elaborato, riconosce la sua tendenza ad accedere spesso ai mezzi borghesi per i finanziamenti della scuola moderna.

[26] Nella descrizione, è impossibile non notare un accento di

ogni modo, Ferrer ereditò una ingente somma di denaro da parte della Meunier. Consapevoli di ciò, molti repubblicani insistettero sulla necessità di immettere i fondi direttamente per la causa. Ferrer volle invece utilizzarli per la creazione del suo progetto più ambizioso, la fondazione di una scuola moderna e rivoluzionaria.[27]

L'idea di cambiare il sistema scolastico aggirando i metodi e i propositi dell'istruzione pubblica, gli era probabilmente sorta negli anni dell'esilio, tramite l'osservazione delle esperienze sociali francesi di fine secolo :« l'esperienza acquisita durante i miei 15 anni di permanenza a Parigi, in cui fui testimone della crisi del boulangismo, del dreyfusismo, del nazionalismo, che costituirono un pericolo per la Repubblica, mi convinse che il problema dell'educazione popolare non era stato risolto e, non essendolo in Francia, non si poteva sperare che l'avrebbe risolto il repubblicanesimo spagnolo dal momento che aveva da sempre dimostrato una deplorevole mancanza di conoscenza dell'importanza capitale che il problema educativo rappresenta per il popolo»[28]. In questo passo ritroviamo un elemento chiave.

L'esilio in Francia gli fornì certamente conoscenze-culturali e umane- necessarie alla creazione del suo progetto, inoltre l'esperienza storica del nazionalismo e del caso Dreyfus[29,] lo persuase della necessità di un

---

superiorità morale nei confronti della signorina francese, la cui conversione ha solo in parte contribuito a smorzare.

[27] Inoltre comprò una fattoria non distante da Barcellona, a cui diede il nome di Màs Germinal.

[28] Ferrer, La scuola moderna, cit., p. 34

[29] A cui molti autori fanno riferimento, per una analisi

cambiamento che eludesse dalla sfera statale. In Ferrer maturò quindi l'esigenza di un modello educazionista che rifiutasse il procedimento riformista, in favore di uno radicale: «La distinzione è molto simile a quella fatta da William Reich tra psicologi radicali e reazionari: questi ultimi, se si trovano ad affrontare il problema del furto tra i membri delle classi subalterne, si domandano cosa si debba fare per indurli a non rubare, mentre gli psicologi radicali si domandano piuttosto come mai non tutti i membri di quelle classi rubino. Il primo approccio mette l'accento su una modifica del comportamento in modo da adattarlo alla struttura sociale esistente; il secondo cerca invece di identificare le caratteristiche psicologiche della struttura sociale in grado di condizionare le classi subalterne»[30].

Secondo Boyd, questa convinzione può spiegarsi nella "conversione ideologica" dal repubblicanesimo all'anarchismo, operata da Ferrer nell'ultimo decennio dell'Ottocento: «in the 1890s Ferrer had drifted towards anarchism. In these years, his diffuse revolutionary impulses were given direction both by the trend toward libertarian education that followed the failure by propaganda of the deed, and by the famous Provost Orphanage at Cempuis, whose director, the libertarian Paul Robin, was an enthusiastic proponent of the

---

comparativa dei capri espiatori. Vale però la pena ricordare che l'antisemitismo dilagante, che fu la causa primigenia della morte del capitano alsaziano, nulla ha a che vedere con la situazione che porterà Ferrer al patibolo.

[30] Spring, Joel. "L'educazione libertaria", elèuthera editrice, nuova edizione 2015, p.23

libertarian education»[31] La visione qui esposta risulta interessante, ma forse un po' schematica, perché la fluidità e la multidimensionalità dei pensieri di Ferrer non permettono di utilizzare un unico paradigma interpretativo per il giudizio delle sue azioni. Ferrer, con la rete culturale parigina e i fondi ottenuti, potè finalmente concretizzare il suo tentativo di rinnovamento radicale dell'istruzione nel suo Paese.

Il ritorno e la creazione de la Escuela Moderna

Tornato in Spagna, con l'eredità della signorina Meunier, fondò l'Escuela Moderna. L'inaugurazione ebbe luogo l'8 Settembre 1901, con un effettivo scolastico di 30 alunni, di cui 12 bambini e 18 bambine. La coeducazione dei sessi fu uno degli elementi centrali e in parte innovativi della scuola: «non che fosse un fatto assolutamente nuovo in Spagna, perché per necessità esistono villaggi, situati in valli e in montagne, dove la coeducazione poteva essere tollerata dallo Stato... tuttavia nei comuni e nelle borgate la scuola mista è sconosciuta»[32]. Un'innovazione che avrebbe permesso di eguagliare i sistemi di alcuni popoli definiti "colt"i da Ferrer. «Il proposito dell'insegnamento misto è che i bambini dei due sessi ricevano un'educazione identica, che l'umanità femminile e maschile si compenteri fin dall'infanzia, facendo modo che la donna sia compagna

---

[31] Boyd, Carolyn, P."The Anarchists and education in Spain, 1968-1909, The University of Chicago Press , p. 147

[32] Ferrer, Scuola Moderna, cit., p. 35

dell'uomo non solo di nome ma anche di fatto»[33]. La necessità di promuovere una visione egualitaria tra i due sessi fin dall'infanzia è fondata sull'idea di emancipazione della donna: «l'uomo l'ha trasformata in una perpetua minorenne, che è rimasta nello stesso stato della Storia Antica: o forse peggio e con pesanti aggravanti»[34]. Nella visione del Ferrer pensatore, la futura liberazione dell'uomo sarebbe necessariamente passata da una propedeutica coeducazione tra i diversi sessi. Il proposito di Ferrer non è dunque eliminare le differenze antropologiche tra i sessi, che egli stesso riconosce: «si tratta di qualità distinte, non può esistere confronto tra due cose eterogenee»[35], ma quello di riconoscere, fin dall'età infantile, uguale dignità a entrambi, e di stimolare la crescita reciproca attraverso il contatto e la cooperazione quotidiana.

Come la coeducazione dei sessi, anche la coeducazione delle classi sociali trova il suo fondamento nell'idea egualitaria e soprattutto *universale dell'Escuela*. Ferrer non volle mai educare solamente gli infanti delle classi popolari, come è evidente in questo passaggio: « non c'è mezza misura per la scuola della classe diseredata: o la venerazione inculcata per mezzo dell'errore e dell'ignoranza sostenuti dal falso insegnamento, oppure l'odio contro coloro che la dominano e la sfruttano»[36]. D'altra parte, lo stesso discorso si potrebbe sviluppare, con sfumature diverse, per quanto riguarda la scuola delle

---

[33] Ibidem.
[34] Ibidem
[35] Ibidem,
[36] Ivi, p. 41

fasce sociali più privilegiate: in questo caso, il fine dell'insegnamento sarebbe quello di disprezzare le classi subalterne e di garantire il funzionamento della società. La denuncia di una scolarizzazione che promuova e incentivi l'*odio* e la "fobia" tra le classi diverse, è presente costantemente in Ferrer. Entriamo qui in un tema che svolgeremo più approfonditamente nel prossimo capitolo.

Quale era il proposito reale della scuola moderna? L'immediata fabbricazione di giovani ribelli? Oppure, l'offerta di precisi strumenti teorici affinché tutti i bambini, diventati adulti, sentissero impellente la necessità di ribellarsi? Se ci affidassimo agli scritti del pedagogo, potremmo forse optare per la seconda opzione: i bambini, in quanto esseri umani, hanno pari dignità rispetto agli adulti; ma hanno una caratteristica peculiare: essi sono innocenti, le dispute degli adulti non li riguardano. L'innocenza dei bambini è dunque il presupposto per sviluppare il progetto ferreriano di monopolio dell'educazione.

Abbiamo visto che uno degli elementi più problematici della situazione dell'insegnamento nella Spagna del primo Novecento era rappresentato dall'igiene scolastica: «il sudiciume cattolico regna in Spagna»[37]. La soluzione da adottare per risolvere il problema igienico era esposta in quattro punti: salubrità dell'edificio; profilassi delle malattie contagiose; educazione fisica; educazione e istruzione sanitaria. Da questo punto di vista, è impossibile non riconoscere che l'Escuela Moderna fu un modello di modernità e di lungimiranza. L'adottamento di ambienti puliti, insieme a un'educazione igienica non solo infantile,

---

[37] Ivi, p. 45

ma anche famigliare, fu uno degli elementi che permisero all'esperimento moderno di funzionare e "fare scuola". Un altro argomento interessante sviluppato nella calle de Bailén fu il metodo di valutazione. Il metodo razionalista di Ferrer non prevedeva *né premi, né castighi, né esami.* L'eliminazione della valutazione del giudizio (che, si fondava in realtà su un pregiudizio di Ferrer), è da annettere al più generale rifiuto della competizione tra gli alunni come elemento primario della formazione individuale e collettiva. Una competizione che avrebbe, per forza di cose, creato inimicizia, annullato il principio di solidarietà che, secondo il modello della pedagogia radicale, è insita in ogni bambino, avvantaggiando solamente le classi che detenevano il potere. E' molto interessante l'analogia proposta nel capitolo sui modelli di giudizio: «abbiamo passato in rassegna la moltitudine di bambini terrorizzati dalle temibili prove dell'esame, in cui devono comparire davanti a un tribunale inflessibile e subire tremendi interrogatori; circostanze che danno all'avvenimento una certa analogia con i processi quotidiani del Tribunale Territoriale»[38]. In tal senso, gli esami sono considerati come condanne preventive, giudizi assolutori la cui unica funzione è incutere paura nei bambini attraverso l'esibizione di un 'autorità tanto lontana quanto percepibile.

L'esame avrebbe avuto come finalità l'interiorizzazione della figura autoritaria, della paura, un tritacarne propedeutico alle secolari ingiustizie del mondo. Nella visione di Ferrer, l'istruzione cattolica sedimenta nell'uomo un timore verso l'autorità, il cui scopo è

---

[38] Ivi, p.71

impedire qualsiasi forma di dissenso. Un sistema autoritario, il cui mantenimento è garantito dall'ignoranza, dal "falso insegnamento". Una totale contraddizione con l'etimologia dell'educazione: non "condurre fuori", ma *"lasciare dentro"*, in uno stato di minorità eterno, funzionale alla sopravvivenza delle classi privilegiate. In questa visione, si manifesta il Ferrer dell'ideologia tedesca marxista, per cui le idee della classe dominante sono, in ogni epoca, le idee dominanti. Alla luce di questo, il rifiuto di utilizzare i fondi della signorina Meunier direttamente per la causa repubblicana, si spiega in un progetto di più ampio respiro. La causa di Ferrer è universale, radicale e per certi rivoluzionaria ; sebbene fosse un convinto repubblicano e anarchico, l'universalità del suo progetto si riscontra anche nell'avversità che lui, catalano di nascita e strappato alla terra natia per lunghi periodi, provava verso la sfera fanatica del nazionalismo catalano[39].

Una delle innovazioni di carattere sociale espresse nel bollettino della Scuola Moderna erano le Conferenze domenicali. Le Conferenze domenicali si possono considerare come un'estensione nell'ambito politico dell'educazione igienica. Esse, infatti, prevedevano la

---

[39] Alla proposta di adottare il catalano come lingua dell'insegnamento, rispose che persino lo spagnolo sarebbe stato riduttivo, figurarsi il catalano. I bollettini mensili della scuola saranno stampati in castigliano, così come i libri di testo prodotti dalla casa editrice. Ricordiamo d'altra parte che la risposta va contestualizzata negli atavici dissidi politici che intercorrevano tra le frange anti-monarchiche e anti clericali di Barcellona (repubblicani, sindacalisti anarchici e nazionalisti catalani), che manifesteranno tutte le loro contraddizioni in seguito al processo del 1909.

partecipazione non solo degli alunni, ma anche delle famiglie, incarnando la manifestazione più lampante dell'anima popolare dell'Escuela Moderna. Nel primo bollettino, però, si introduce un tema interessante, e quanto mai attuale: «l'incoscienza con la quale si vive a proposito della natura del bambino e dell'iniquità di porlo in condizioni forzate perchè estragga dalla sua fragilità psicologica delle forze intellettuali, soprattutto nelle opere di memoria, impedisce ai genitori di vedere che un attimo di soddisfazione, può essere la causa della morte morale dei bambini»[40]. La "vanità miserabile" di questi genitori è figlia di una precisa causa secondo Ferrer: il monopolio dell'istruzione pubblica cattolica.

Le lezioni della domenica avevano una doppia funzione. Certamente, da un lato servivano a fornire conoscenze elementari a una fascia di popolazione in gran parte analfabeta. D'altra parte, però, avevano uno scopo ideologico e programmatico: rispondevano alla necessità di creare una comunità coesa, da porre in antitesi alle iniziative ecclesiastiche di inclusione sociale. Qui l'anima popolare si congiunge ai prodromi di un progetto di organizzazione sociale, anche se sarebbe forse fuorviante dare troppa importanza a queste esperienze domenicali: il fulcro della Escuela Moderna rimane l'educazione infantile e la necessità di autodeterminazione individuale e collettiva. La coeducazione delle classi sociali, dunque, era uno dei cardini del sistema scolastico ideato da Ferrer. Le scuole per poveri, avrebbero solamente potenziato la frustrazione dei giovani studenti, mantenendoli

---

[40] Ferrer, Francisco, Primo Bollettino della Scuola Moderna., 1901.

36

nell'ignoranza.

Nella realtà dei fatti, però, la composizione sociale degli scolari e degli insegnanti era lontana dal mondo operaio: «se dirà que no fuè precisamente el proletariado el que tuvo màs fàcil acceso a la Escuela Moderna. Es cierto, pero conste tambièn que no podìa ser de otro modo. Los nuevos maestros racionalistas no podìan ser fácilmente hallados entre la juventud de los rangos proletarios, vejados, oprimidos en todas formas y aspectos»[41]. La difficoltà tecnica di reclutare il nucleo d'insegnamento nelle classi popolari, andava di pari passo con la conformazione sociale degli alunni: certamente eterogenea, sul principio interclassista della scuola, ma più orientata verso la piccola borghesia che verso il proletariato.

Dunque, per educare, ci vogliono gli educatori. Clement Jacquinet era probabilmente l'insegnante più importante della scuola. Giovane anarchica, fu la prima direttrice dell'Escuela Moderna, con la cui casa editrice pubblicò "el Compendio de Historia Universal", considerato dai contemporanei un libro molto ambizioso, forse troppo. Nella visione di Ferrer, «gli insegnanti, quasi sempre, non sono che strumenti coscienti della volontà dello Stato di indottrinamento e di riproduzione della cultura dominante, obbligando e plasmando le giovani menti secondo i dogmi sociali, culturali, religiosi, che reggono la società autoritaria»[42]. La funzione dei docenti, attraverso l'insegnamento agli scolari delle materie scientifiche, che rientravano in quella fiducia nel progresso che l'oscurantismo ecclesiastico avrebbe voluto impedire a

---

[41] Connelly, Ullman, "The Tragic Week", cit., p. 171
[42] Codello, La buona educazione, cit., p. 475

tutti i costi, sarebbe stata quella dell'accompagnamento dei bambini verso la propria emancipazione, una metodologia che definiremo, nel secondo capitolo, una "rivoluzione passiva".

La casa editrice dell'Escuela fu la seconda innovazione apportata. Con questa, Ferrer poteva permettersi di propagandare le proprie idee razionali e anarchiche, e di procedere alla pubblicazione di vari libri. Il livello qualitativo delle produzioni indipendenti, seppur di importanza non secondaria rispetto al funzionamento generale dell'esperienza moderna, fu criticato da molti.[43] Di diversa natura furono invece le pubblicazioni, fin dal 1901, del Boletin della scuola, resoconti mensili sull'andamento degli insegnamenti e sui principi metodologici adottati (nel Boletin, inoltre, vi erano articoli di vari intellettuali spagnoli che simpatizzavano per la causa di Ferrer). Nel primo bollettino, pubblicato il 30 ottobre 1901, quindi meno di due mesi dall'apertura della scuola, vi si intravede, tra le 300 pagine, il manifesto ideologico dell'esperienza moderna:"tenemos personalidad propia, pero estamos erentos de todo egoismo", si legge nella parte introduttiva. Oltre a Clement

---

[43] Si prenda ad esempio Fromentin, che riconosce spesso l'importanza del Ferrer libero pensatore, ma non riconosce mai l'importanza del Ferrer pensatore: "il rimprovero capitale che si può muovere alla maggior parte di quelle pubblicazioni di Ferrer- siano esse della Scuola Moderna o della Casa Editrice- è soprattutto di avere esagerate pretese letterarie. Alcuni sono di una straordinaria ingenuità, come quel compendio di Storia Universale in tre volumi" Fromentin". La verità sull'opera di Ferrer, cit., p.23

Jacquinet, i rappresentanti principali della scuola furono: Leonard Abbott, Alexander Berkman, Voltairine de Cleyre, Emma Goldman e Harry Kelly.

Nel 1904 Ferrer partecipò al Primo congresso internazionale del libero pensiero, un importante convegno sulle teorie libertarie a Roma, dove ebbe la possibilità di conoscere, tra gli altri, anche l'anarchico Luigi Fabbri, che sarà un personaggio fondamentale nella ricezione del pedagogo in Italia.

Nei primi cinque anni dalla sua fondazione, L'Escuela Moderna ebbe grande successo a Barcellona e dintorni, e nel 1906 era giunta forse all'apice dell'espansione. In Catalogna, e non solo, si contavano alcune decine di scuole nate sul suo modello. In quell'anno, c'erano quattordici scuole di stampo moderno nella capitale catalana, e trentaquattro tra la comunità Valenciana e l'Andalusia (oltre alla stessa Catalogna). «The peak of Ferrer's pedagogical empire-building was April, 12, 1906, when 1700 children from anarchist and lay schools all over Barcelona were assembled in Tibidabo for secular and commemorative exercises »[44] In pochi mesi, però, il modello sperimentale inaugurato in Calle Bailén crollò improvvisamente. Non crollò su se stesso, ma fu distrutto dal potere costituito, attraverso il braccio armato della destra filo-clericale e monarchica, che vedeva nell'esperienza basata sulla pedagogia razionale, un pericolo sia per la monarchia, sia per le alte sfere

---

[44] The Anarchists and Education in Spain,cit., p.155. Il giorno fu presto definito "El buen viernes". (Il Tibidabo rappresenta una delle colline che circondano Barcellona, ed è oggi un importante centro di attrazione turistica)

dell'ordine ecclesiastico. L'episodio utilizzato come pretesto per la totale chiusura delle scuole moderne razionaliste e per l'incarcerazione di Francisco Ferrer, ebbe luogo a Madrid, in un giorno di primavera del 1906.

Il caso Morral e la repressione in Spagna

Il 31 Maggio 1906 si celebravano a Madrid le nozze reali tra Alfonso XIII e Victoria Eugenia. La sfilata del corteo nuziale era oramai in dirittura d'arrivo, in Calle Mayor, quando si udi' una forte esplosione. L'attentato, la cui matrice venne immediatamente codificata come anarchica, non riuscì però nell'intento regicida. Alfonso XIII e Victoria Eugenia sopravvissero, ma si contarono ben 20 vittime e centinaia di feriti. L'attentato anarchico non era un gesto alieno alla società spagnola del lungo Ottocento, nel contesto della propaganda col fatto: «la sostituzione di un soggetto astratto da colpire con le sue incarnazioni concrete, fisicamente percepibili» .[45] I gesti anarchici più clamorosi avvennero soprattutto a partire dalla Restaurazione borbonica del 1874, dopo il sessennio rivoluzionario del 1868-1874. Con la Restaurazione, i movimenti anarchici e repubblicani furono costretti all'esilio, o alla clandestinità.[46] Olmo, nel suo studio sulle

---

[45] Benigno, Francesco, Terrore e terrorismo. Saggio storico sulla violenza politica, Einaudi, 2018, p.92

[46] Per necessità di sintesi, ricordiamo solo gli attentati anarchici della prima parte degli anni Novanta. Michele Angiolillo nel 1897 contro Antonio Canovas de Castillo; l'attentato "di classe" al Gran Teatro Liceu Barcellona del 7

torture nella Spagna contemporanea, ha spiegato bene l'impatto degli attentati di matrice anarchica nella Barcellona di fine secolo, e le conseguenze dal punto di vista della repressione: «in Barcelona, despite the significant repercussions of the attack against General Martinez Campos (24 September 1893) and the commotion caused by the massacre of the Liceo Theatre (7 November 1893) no terrorist action had made as much impact as the 7 June 1896 bombing on Cambios Nuevos street, which resulted in a dozen deaths and some 40 injuries. The atrocity of these terrorist crimes was not going to stop accounts of the repression following these events from contributing to the anarchist anti-repressive narrative, which already spanned from the time of the persecution of the IWA in Spain in the 1870s; to the baffling Andalusian social tragedy of Mano Negra (1882-3), and the trial of Jerez in 1892; up to "la Rosa de Fuego" (Rose of Fire), as the Barcelona of the early 1890s was known: with its raids, arrests, prisons, forced labour»[47].

Il periodo che va da dalla "triada terrorista" 1893-1896 al 1904 è di relativa inattività terroristica rispetto ai canoni e agli avvenimenti precedenti, ma nel 1904 si verifica una svolta nell'eversione anarchica, con l'inaugurazione di un nuovo tipo di atti sovversivi e il superamento della propaganda col fatto: «lo que caracteriza este nuevo son las

---

Novembre 1893, nel quale morirono 20 persone, e che comportò una profonda commozione generale nella comunità della capitale catalana.

[47] Olmo, Pedro Oliver; *"Torture in Spain: the construction of a concept for political denunciation"*, in "Crime, Histories Societies, Vol. No 3, n.1, (2019)

bombas que estallan sin un objetivo determinado en las calles, en las plazas, en los mercados, sin que parezca importarles a los autores quien puedan ser las víctimas. Son atentados que nadie reivindica, que todos rechazan y condenan: sus autores, salvo algunos casos aislados, no son descubiertos. Los anarquistas que en la dècada anterior justificaban en muchos casos la propaganda por el hecho, seràn ahora unánimes en el rechazo de estos atentado»s[48].

Tornando al regicidio mancato, Mateo Morral, anarchico di 26 anni e bibliotecario della Escuela Moderna, fu riconosciuto colpevole. Ferrer, in quanto simbolo e fondatore della scuola, venne implicato nel tentato regicidio. L'Escuela Moderna venne repentinamente chiusa, e il Ferrer arrestato e scortato al carcere Modelo di Madrid, dove sconterà 13 mesi di carcere, seppure in condizioni più umane rispetto a quelle di Barcellona, fino alla sentenza assolutoria del 1907. Questo risvolto non è di secondaria importanza, perché ci permette di attuare alcune previe considerazioni. In primo luogo, nel 1906 - dunque tre anni prima dell'ultimo processo- era un personaggio di rilievo nel panorama repubblicano e anarchico spagnolo. Questo elemento viene confermato e anzi rafforzato dalla grande ondata di indignazione che investì vari Paesi d'Europa, in primo luogo la Francia, in un macabro prodromo dei fatti del 1909. La protesta che sorse in difesa di Ferrer fu molto diversa da quella che

---

[48] Nunez Florencio, R. *"El terrorismo anarquista"*, op. pag. 71; citato in: Dalmau i Ribalta, Antoni"La oleada de violencia en la Barcelona de 1904-1908", rivista "Ayer", No 8. "La Historia Contemporánea en Andalucía: nuevas perspectivas", pag. 163

seguirà la sua morte. Si trattò di un'indignazione di carattere intellettuale ed elitario, quasi esclusivo: in quel tempo, Ferrer, era certamente conosciuto a Barcellona per la sua opera educativa, ma la sua figura non poteva suscitare l'interesse e le mobilitazioni delle grandi masse in giro per l'Europa. Questa prima carcerazione, comunque, fornì un importante elemento nella creazione del libero pensatore accusato e martire, nell'ideazione del capo espiatorio[49]. Come nei fatti del 1909, l'origine della condanna è probabilmente, anzitutto, di natura morale. Ferrer viene formalmente incarcerato per le sue azioni anarco-insurrezionali, ma l'essenza della condanna riguarda l'idea stessa di sovversione. Questa condanna attraverso una continua sovrapposizione tra l'uomo, il suo pensiero e le sue idee, è il triste filo rosso del racconto, che avrà la sua tragica lacerazione nell'oscurità di Montjuic[50].

---

[49] E' impossibile paragonare questa esperienza di presunta colpevolezza con l'esilio per la sollevazione del 1885. In questa, infatti, Ferrer era un dimostrante ventenne di secondaria importanza negli avvenimenti dell'insurrezione; mentre nella questione dell'Affaire Morral, la sua figura è individualizzata, posta a capo di un complotto sovversivo e regicida che avrebbe minato le fondamenta stesse della società spagnola.

[50] Il castello di Montjuic è stato investito nell'immaginario comune barcellonese di una leggendaria aura nera, la leyenda de Montjuic. Riportiamo di seguito la dichiarazione di un'alunna dell'Escuela Moderna, tradotta da Archer:"in all countries there is some example of this Inquisition. Catalonia is dishonoured by the presence of this castle, whose history strikes horror to the travellers. It is necessary that we should destroy this fantasm, and on its side lay out a

Dal punto di vista generale, il regime di Restaurazione di fine secolo era caratterizzato da una certa tendenza alla repressione, di cui Montjuic è l'emblema più oscuro, e al contempo più alterato dalle elaborazioni psicologiche collettive: «The "narration" of the "crimes of Montjuich" became "an important element for the political socialization of Barcelona's popular classes". The executions and the memory of torture left a strong and lasting impact on a good part of Spanish society. They decisively contributed to the discredit of the model of public order that had been constructed in nineteenth century Spain. Public order had been structured with authoritarian and militaristic criteria right from the offset of the liberal state which would explain, among other things, the recurrent repression of social conflicts and the use of expeditious methods, including torture».[51]

La storiografia ha ampiamente riconosciuto la colpevolezza di Mateo Morral nel "crimen de calle mayor".

---

beautiful park"Archer, p.57.
Durante tutto il secolo XIX, le sue mura si convertirono nel simbolo della repressione di ogni idea progressista o rivoluzionaria. Per una più approfondita sulla nascita della leggenda nera del Montjuic e della riflessione che accompagnò il valore simbolico del castello in vari autori, da Bazàn a Kroptokin, si rimanda all'articolo di Edgar Straehle, "la Historia y leyenda de la leyenda negra", pubblicato su: https://www.google.com/search?q=la+leyenda+negra+del+m ontjuich&rlz=1C1DIMC_enIT879IT880&oq=la+leyenda+negr a+del+montjuich&aqs=chrome..69i57j33i10i160l2.8089j0j4&so urceid=chrome&ie=UTF-8 il 1 Agosto, 2019.

[51] Olmo, Torture in Spain: the construction of a concept for political denunciation, cit. p. 103

Morral viene descritto come un «inquieto bibliotecario»[52], figlio di un ricco commerciante di cotone. Giovane colto, aveva iniziato a collaborare con la biblioteca della scuola all'inizio di quell'anno, e sebbene non ne fosse il supervisore, vi aveva stabilito la sua residenza. La matrice del crimine di Madrid va ricercata però in un ambito diverso, che ci induce a introdurre un altro personaggio della Escuela, Soledad Villafranca.

Originaria della Navarra, era ammirata per la sua bellezza, la sua intelligenza e il suo entusiasmo. Morral si innamorò di lei, ma i suoi sentimenti non vennero contraccambiati. Il giovane scoprì che a cagione del suo diniego vi era la passione per un altro uomo, Francisco. Secondo Archer, la reazione di Morral alla scoperta, fu una frase lapidaria: «pues, sobra uno màs de los tres»[53]. L'autore ritiene che Morral considerò se stesso "in eccesso", e partì per Madrid. Il 26 Maggio, giorno dell'attentato, l'anarchico soggiornava in calle Mayor, in una stanza con balcone a vista, da cui lanciò l'ordigno esplosivo. Dopo aver commesso il delitto, si recò nella sede del giornale repubblicano, El Motin, diretto da Don Josè Nakens, il quale riporta le parole del giovane: « I shall not leave here unless either dead or to save myself with your help»[54]. Il 2 Giugno, sei giorni dopo l'attentato, Morral si

---

[52] Maura, La Rosa de fuego, cit., p. 78

[53] Archer, *The life, death and trial of Francisco Ferrer*, cit. p. 68. La traduzione letterale della frase è: "dunque, uno dei tre è di troppo."

[54] Ibidem. Nackens, corrispondente per un giornale inglese, data la sua integrità morale riconosciuta dai suoi colleghi e la sua età avanzata, non scontò la pena in carcere

trovava ancora a Madrid, dove venne riconosciuto da un gendarme. Ci fu una lotta in cui esplosero alcuni colpi da entrambe le parti, al termine della quale l'inquieto bibliotecario anarchico pose fine alla sua vita. Francisco Ferrer, come detto, scontò un anno di carcere a Madrid, ma nel 1907 venne assolto per mancanza di prove dall'accusa di complicità del tentato regicidio di Calle Mayor. Non tutti gli autori sono concordi nel considerare l'estraneità al mancato regicidio da parte di Ferrer: «todo parece, pues, indicar que Ferrer contribuyó a la redacción de este muy subversivo número de La Huelga General, y que la confianza en la acción terrorista como desencadenante de una revolución le acompañó a lo largo de toda su marcha desde el republicanismo hasta el anarquismo. Si luego esto se tradujo en una implicación directa en los frustrados atentados contra Alfonso XIII de 1905 y 1906, como han sostenido Joaquín Romero Maura y Eduardo González Calleja, es algo que merece una investigación más profunda».[55]

In ogni caso, Ferrer fu inizialmente considerato colpevole di complicità nell'intento regicida. Nell'anno di prigionia, tenne un frequente carteggio con vari intellettuali europei, tra cui l'anarchico Luigi Fabbri: «amigo Fabbri, hace tiempo le escribì una tarjeta postal dándole las gracias por todo lo que usted hace por mi(...) en el Avanti hay un error que ya leì en otros periódicos de Italia. El èrror consiste en atribuirme a mi el delito de encubridor de Mateo Morral. No, yo no soy encubridor de Morral, porquè desde que se marchò de Barcelona el 20 de

---

[55] Avilés, Josè. *Republicanismo, librepensamiento y anarquismo.*
   cit. p.269

Mayo, yo no le vì màs, però a mi se me acusa nadà màs que por haber sido amigo de Morral(...), el gesuitismo, como usted escribiò con mucha razòn, se dirviò de esta coincidencia para hacerme detener, embargar mis bienes y pedir ahora pena de muerte. El propòsito del jesuitismo es hacerme pagar todos los gastos del proceso y impedir de esta manera la vida de la Escuela Moderna»[56] Si evince dalla lunga corrispondenza tra Fabbri e Ferrer un elemento di critica radicale comune nell'ambito del monopolio educazionista dei due Paesi. Questo elemento è rappresentato dalla forte influenza della Chiesa, e dalle sue interferenze nel campo dell'istruzione[57]. È un elemento peculiare di alcuni Paesi inizio Novecento ma, come vedremo, non è presente in tutta Europa con la stessa importanza. Luigi Fabbri è un pensatore che, dato il suo rapporto con Ferrer, interessa al nostro racconto più di altri, e che si cercherà di analizzare nell'ultimo capitolo.

Il periodo che va dal 1907 al 1909, è il lasso di tempo che intercorre tra le due prigionie, tra l'assoluzione e la condanna. Ferrer, come da abitudine, viaggiò per varie parti d' Europa. In questi due anni cercò di esportare il suo modello educativo nelle più importanti capitali del vecchio continente. A Parigi, dove fonderà la "Lega Internazionale per l'educazione razionale dell'infanzia". La Lega era un progetto educativo diverso rispetto alla scuola moderna, per certi versi complementare. La gestione di questa

---

[56] Lettera di Francisco Ferrer a Luigi Fabbri durante la sua prigionia, Sabato 29 Settembre 1906
[57] Da qui deriva la frase di Ferrer: "il gesuitismo, come Lei ha scritto con molta ragione, utilizzò questa coincidenza per farmi arrestare..."

istituzione era affidata a importanti pedagogisti internazionali: con la Escuela Moderna, e la sua diffusione in varie realtà spagnole, aveva messo in pratica i principi educazionisti, con questa voleva invece promuovere la formazione di tali principi attraverso una collaborazione generale con elementi di nota fama nell'ambito dell'educazionismo libertario: «la scuola e la liga partivano da premesse molto simili: entrambe muovevano dall'idea che ci fosse una stretta relazione tra i problemi sociali e quelli dell'educazione, e che il mezzo più sicuro per cambiare la società fosse quello di agire attraverso la scuola»[58].

Successivamente, si recherà a Londra per cercare di convincere vari intellettuali a entrare nel Comitato della Liga. La propaganda di queste idee era possibile attraverso le tre riviste che accompagnavano il progetto. In una di queste era uso scrivere il grande pedagogo Petr Kropotkin, che avrà una profonda rilevanza nel pensiero di Ferrer.

La "Semana Tragica"

Nel 1909, la Spagna era governata dal conservatore Antonio Maura. Ci troviamo sempre nell'ambito del regime di Restaurazione, inaugurato nel 1874 dopo la breve parentesi repubblicana. La forma statale, fin dal 1902- anno dell'ascesa al trono di Alfonso XIII- , era quella della monarchia costituzionale, e lo sarà fino al colpo di Stato del 1923, ordito dal capitano generale della Catalogna, Miguel Primo de Rivera, che inaugurerà una

---

[58] Esposito, Francisco Ferrer nella p. 93

forma di stato dittatoriale per sette anni. Al di là dell'aspetto formale, la monarchia aveva un peso non indifferente nell'ambito decisionale della politica, soprattutto per quanto riguarda l'interventismo militare in Patria e nelle ultime colonie rimaste. Maura era succeduto a Moret come capo del governo, in seguito ad una crisi parlamentare e allo scioglimento delle corti da parte del Re, nel 1907. Era il simbolo del conservatorismo spagnolo (non solo di inizio secolo), il rappresentante degli interessi storicamente congiunti dei grandi proprietari terrieri e delle alte sfere ecclesiastiche. Il suo programma politico poggiava sulla teoria della "revoluciòn desde arriba", la rivoluzione dall'alto.[59]

Agli albori del secolo, Barcellona si stava affermando come realtà in piena espansione, e rivendicava la sua

---

[59]   La rivoluzione dall'alto fu il tentativo di Maura di riformare il sistema della Restaurazione, attraverso un maggiore controllo sociale repressivo da parte dello Stato, per evitare la rivoluzione dal basso, che sarebbe causa della dissoluzione della nazione secondo Maura: "Ahora más que nunca es menester que la nación sienta que el poder público asiste a sus necesidades y emprenda siquiera el camino de aquella regeneración tan vanamente cantada en todas las lenguas. Ya no hay tiempo ni para el orden ni para el método, no se puede ir con parsimonia en la realización de la obra, *hay que hacer la revolución desde el Gobierno, porque si no, se hará desde abajo y será desoladora, ineficaz y vergonzosa, y probablemente la disolución de la nación española.*"

Discorso reperibile su: https://www.actticsociales.com/h%C2%AA-cont-de-espa%C3%B1a-2-%C2%BA-bach/bloque-9-la-crisis-de-la-restauraci%C3%B3n/ , (ultima visita: 6-10-23)

peculiare vocazione indipendente e al contempo inclusiva. In soli vent'anni, aveva sperimentato un cambiamento radicale: relativamente piccola a fine secolo, aveva allargato le sue costruzioni alle pendici dei monti adiacenti, una rivoluzione architettonica su cui tuttora si fonda la conformazione della città. Era popolata da mezzo milione di abitanti di cui, poco meno della metà, di età inferiore ai 30 anni. Una popolazione molto giovane e in larga parte analfabeta. Luogo di varie migrazioni dalle campagne catalane e delle zone limitrofe, si presentava come un crogiuolo di connessioni e contrasti sociali, culturali ed economici. Ogni anno, infatti, più di ventimila persone vi cercavano fortuna e lavoro: in tale contesto, poté affermarsi una massa di lavoratori che, seppur divise dall' adesione a varie ideologie, costituivano un nerbo importante della composizione sociale della città.

La presenza di una grande massa operaia era attratta da un'industria in ascesa molto importante, probabilmente la più avanzata del Paese. Fu infatti nel periodo della rivoluzione industriale continentale che si sviluppò un forte proletariato urbano, la cui componente anarchica era preponderante, a causa della poca preparazione tecnica e culturale dei tanti contadini che videro, nella grande città, un'occasione di rivalsa e di prosperità: «from 1890 on, the failure of moderate trade union tactics ad the immigration of unskilled workers from impoverished rural areas from the East and the South, had radicalized the Catalan working class and made Barcelona the urban stronghold of anarchism»[60].

---

[60] Boyd, The Anarchists and Education in Spain, 1868-1909, cit. pag. 148

Dal punto di vista della politica nazionale, la fine del secolo aveva comportato il tramonto dei sogni imperialistici, con la conseguente caduta formale dell'Impero in quello che viene considerato l'"annus horribilis". Il 1898 e la sconfitta nella guerra ispano americana, aveva comportato l'abbandono delle Filippine e di Cuba (la sconfitta nella guerra per Cuba sancì, in certa misura, l'inizio dell'imperialismo americano), di Portorico e del Guam.

Un anno tristemente scolpito nella Storia spagnola. Il tramonto delle aspirazioni coloniali e della secolare tradizione imperiale spagnola segnò, dal un punto di vista catalano, la perdita, per la grande borghesia industriale barcellonese, del principale mercato. La vicenda esistenziale di Ferrer è inevitabilmente, seppur indirettamente, intrecciata alla questione coloniale iberica. Gli eventi che condussero Ferrer per la seconda volta davanti a un tribunale, sono conosciuti con il nome di "Semana Tragica", una settimana di proteste degenerate in sommosse, che paralizzarono la città dal 26 luglio al 2 Agosto 1909. L'antefatto della rivolta avvenne a circa 7 chilometri da Melilla, sulla costa dell'Africa nordorientale.

Il Marocco era uno dei Paesi che, dal punto di vista geografico ed economico (soprattutto per le sue riserve di materie prime, tra cui il ferro, concentrate in buona parte nella zona del Rif, nel Nord del Marocco), maggiormente interessava la realtà coloniale spagnola, come si evince dalla dichiarazione del capo di governo Maura alle corti: «Nosotros no variamos la naturaleza que manda que miremos la parte septentrional del continente africano como una condiciòn inexcusable de nuestra independencia y de nuestra integridad nacional»[61].

Il 9 Luglio 1909, un gruppo di ribelli autoctoni sorprese un gruppo di sudditi (operai) spagnoli, che lavoravano alla creazione della linea ferroviaria per le estrazioni del Rif, considerata sotto influenza spagnola dal Trattato di Parigi del 1904, uccidendone quattro. La costruzione della linea ferroviaria era foraggiata da due imprese: "la Sociedad espanola de Minas del Rif y la Compañía del Norte Africano", guidate rispettivamente da due delle famiglie più ricche del Pese: i Romanones e i Guells. In seguito a tal fatto, il governo di Maura mobilitò quarantamila riservisti, molti dei quali avevano già svolto il servizio militare obbligatorio ed erano ora padri di famiglia. Tra questi, vi era la "Brigata Catalunya", che avrebbe dovuto imbarcarsi l'11 Luglio.

Gli alti comandi spagnoli, guidati dal generale Marina, governatore di Melilla, optarono per una forte rappresaglia, un castigo esemplare, che non ebbe però gli effetti sperati. I combattimenti si fecero aspri, al punto che gli insorti riuscirono a sovvertire l'andamento del conflitto, e il generale si vide costretto a chiedere ulteriori rinforzi

---

[61]   Discorso di Don Antonio Maura, presidente del consiglio spagnolo, alla "sesiòn de cortes", 27 Novembre 1907. Da queste parole si evince la cultura colonialista e conservatrice di Maura, tipica degli esponenti del carlismo iberico. L'ambito coloniale viene ritenuto un'autentica estensione dei confini del proprio Paese, da un punto di vista *naturale*. Si relaziona dunque l'integrità e l'indipendenza interna con i possedimenti esterni: gli uni e gli altri si completano, in funzione alla grandezza dello Stato-Nazione. In un'ottica più generale, è possibile inserire questa visione coloniale nell'orizzonte di pensiero dei conservatori europei della fine del secolo XIX.

dalla Spagna, per cercare di contenerli e contrattaccare. Il governo guidato da Maura acconsentì alla spedizione di alcuni battaglioni. In risposta al decreto, si verificarono proteste e disordini in tutte le città più importanti di Spagna, da Madrid, a Barcellona, a Valencia, dove Furono convocati vari "mitìn" (comizi), da parte di da anarchici e socialisti.

A Barcellona, al grido di "Abajo la guerra! Que vayan los ricos!", orde di manifestanti si presentarono al porto per impedire l'imbarco delle truppe nelle città Canarie. È qui necessario riportare un elemento di percezione popolare ai fini del racconto. Nella vulgata -non solo barcellonese-, la guerra contro il Marocco era essenzialmente vista con avversità. Per le strade, veniva volgarmente definita come "la guerra de los banqueros", a indicarne la completa alienazione rispetto a una causa popolare. Le notizie riguardanti l'andamento dell'avventura coloniale erano in parte censurate, ma venivano generalmente discusse nei tanti caffè che caratterizzano tuttora la vita sociale e bohémien della città.

Va aggiunto poi un altro elemento all' avversione popolare verso la guerra in Marocco, che riguarda il sistema di reclutamento di leva, fondato su una profonda ingiustizia agli occhi degli strati subalterni. Il regolamento di leva, basato sul sorteggio (sorteo), conteneva il "sistema de las quintas". Attraverso il pagamento di una tassa, quantificata in 1500 pesetas, si poteva aggirare l'arruolamento alle armi. Evidentemente, la disponibilità di tale somma era prerogativa di una fascia minoritaria della popolazione, ed escludeva dunque le classi popolari. Dunque, la protesta iniziale, poi tramutata in sommossa generale, trova la sua origine primaria in due elementi precisi e strettamente relazionati tra loro: la sensazione di ingiustizia percepita dalle classi popolari in relazione al sistema di arruolamento nell'esercito, per una guerra voluta dall'elite finanziaria del Paese e aliena al sentir comune. A questo è necessario aggiungere una delle (poche) questioni che trovavano concordi il movimento anarchico, quello del radicalismo repubblicano e quello socialista, ossia il pacifismo, il non interventismo e una profonda avversità al mito della Patria, elemento rinsaldato dalla componente del nazionalismo catalano nei giorni di Luglio.

La protesta che inaugurò la sanguinosa Semana Tragica vide come iniziali protagonisti le madri dei giovani militari, determinate a impedire la partenza delle navi dal porto di Barcellona: «bands of women went shop to shop and from office to office demanding that business should chase, and they seem to have met with no refusals. It was a great measure a woman's revolt»[62]. In qualche modo, queste donne volenterose accesero una miccia che provocò l' esplosione di una profonda frustrazione accumulata, forse da tempo destinata a deflagrare.[63] D'altra parte, però, la sensazione diffusa non contemplava aria di rivolta: il cambio repentino - da protesta a sommossa generalizzata- fu assolutamente improvviso e inaspettato[64] ,per cui è

---

[62] Archer, The life, death and trial of Francisco Ferrer, cit., p.127

[63] Con questo non si intende dare una interpretazione ex post facto degli eventi, ma rimarcare la lacerante congiunzione di sentimenti familiari e sociali che aleggiava in quei giorni d'estate di inizio secolo.

[64] Riportiamo un passo de "La Semana Tragica", citato da

difficile pensare a una rivolta eterodiretta, a un piano strategico preordinato e prestabilito.

I manifestanti non seguirono un copione già scritto, ma furono probabilmente guidati da una rabbia che congiungeva due elementi di vitale importanza: quello famigliare e quello economico-sociale. Le protese diffuse in tutta Spagna, ma a Barcellona degenerò in una vera e propria ribellione. Cercheremo di capire le motivazioni della singolarità dell'esperienza catalana, analizzando gli eventi di quella settimana d'Estate.

Lunedi 26 Luglio. La Solidaridad Obrera[65] proclamò uno sciopero generale contro il richiamo alle armi dei riservisti da parte del presidente Maura. Alcuni lavoratori vi aderirono, ma la maggioranza fu incentivata, o meglio

---

Archer, p. 120 "At Barcelona in the beginning of July no one could ever imagine that before the month was out the city would been the scene of a revolutionary movement... there were no premonitory symptoms. Not a cloud gave warning of the transition from calm to tempest"

[65]   La Solidaridad Obrera era un'importante istituzione sindacale fondata nel 1907, il cui fine era la   riorganizzazione di tutti i sindacati catalani sotto un'unica guida, una sorta di camera del lavoro estesa. Tra i vari propositi, troviamo la rivendicazione delle otto ore lavorative giornaliere e il diritto di protesta: "como clase obrera sólo podemos tener un fin común: la defensa de nuestros intereses y sólo un ideal puede unirnos, nuestra emancipación económica, que transforma el régimen capitalista actual, basado en la explotación del hombre por el hombre, por un régimen social fundado sobre la base racional del trabajo por la solidaridad humana"Manifesto della Solidaridad Obrera pubblicato sul settimanale anarchico "Tierra y Libertad", Luglio 1907.

costretta, dalla frangia minoritaria più coinvolta ideologicamente. Dal punto di vista politico, a capo della protesta risiedeva un comitato tripartito, composto da anarchici, socialisti e sindacalisti, rappresentati rispettivamente da Miranda, Fabra Ribas e Villalobos Moreno. Figura di primo piano del repubblicanesimo spagnolo era Alejandro Lerroux, che giocherà un ruolo importante nella vicenda di Ferrer[66]. I nazionalisti catalani erano fuori dal comitato e, fondamentalmente, fuori dalle ragioni della lotta. La componente maggioritaria di questa frangia, infatti, era formata dal ceto medio-alto borghese, ideologicamente e storicamente distante dalle rivendicazioni proletarie. Nell'incitamento alla protesta, va

---

[66] Alejandro Lerroux nel 1903 si presentò a capo del Partido Republicano Radical. "Sulla base della convinzione dell'inadeguatezza delle vecchie strategie repubblicane, Lerroux già da tempo si muoveva nella direzione di un avvicinamento alla base operaia: sin dalla scissione del Partito Repubblicano, avvenuta all'indomani della morte del vecchio leader Ruiz Zorrilla, spingeva affinchè l'attenzione all'interno del partito si spostasse dall'ideale di rivoluzione politica del repubblicanesimo classico a quello di rivoluzione sociale". Esposito, Francesca, p.68. Da lì derivò il suo rapporto diretto, suggellato da una frequente corrispondenza scritta con Francisco Ferrer, che non fu però sempre idilliaco. Se, da una parte, il mancato coinvolgimento negli eventi della Semana Tragica sancì una premessa necessaria ai fini della sua futura carriera politica (Lerroux sarà presidente del Consiglio per tre volte, prima della dittatura franchista); dall'altra, la mancata difesa di Ferrer- e la sua silenziosa accondiscendenza in esilio a Buenos Aires-, sancì l'inizio della fine per il pedagogo.

rimarcato il ruolo preponderante che ebbe la stampa repubblicana: «la stampa repubblicana (soprattutto il periodico -El Progreso-) aveva alimentato il dissenso, che però sfuggì di mano agli elementi più moderati e si trasformò in una vera e propria rivolta: vennero bruciate quaranta scuole religiose, collegi monacali, dodici Chiese. Proprio la distruzione delle scuole religiose contribuirà a diffondere la convinzione che esisteva un progetto pilotato dell'insurrezione»[67]. La manifestazione fu appoggiata dal giornale indipendentista "El Poble Català", organo del C.N.R (Centre Nacionalista Republicà).

Il 26 Luglio, tra le strade de las ramblas e del Paralelo, si respirava un'aria di febbrile eccitazione, si abbracciava la rivoluzione. Questo elemento venne incentivato anche dalla diffusione di notizie- spesso manipolate e lontane dal vero -, che suggerivano la propagazione di una rivolta generale lungo tutta la Penisola Iberica. A ciò, va poi aggiunto una scarsa presenza di forze dell'ordine che, tra "guardias civiles", "guardias de ordèn pùblico" e truppe dell'esercito, non raggiungeva i 2700 effettivi in tutta la città, rispetto al mezzo milione di manifestanti.[68]

---

[67] W.M. (Introduzione a) Ferrer, Francisco, Scuola Moderna, cit., p.11. Eppure, come vedremo, la rivolta venne considerata eterodiretta e la brusca evoluzione della protesta organizzata da una accurata e individualizzata regia.

[68] Le forze dell'ordine utilizzate nel tentativo di sedare e reprimere la huelga general, avevano una matrice eterogenea. I guardias civiles, ad esempio, erano considerati molto fedeli alla monarchia, i pochi uomini fidati dell'autorità; i soldati, invece, simpatizzarono con i manifestanti. Questo è un dato che non può suscitare impressione, visto che la protesta nacque proprio dalle

"L'inaugurazione della violenza" avvenne dopo un preciso fatto: «it was in the stopping of the tramway service that the first acts of violence took place, cars wee oveturned and burnt; railes were torn up, and the police and gendarms , in trying to protect the car service, came into frequent conflicts with the crowd. There was a good deal of shooting on both sides, and blood began to flow in several parts of the town»[69].

In un contesto del genere, la risposta dello Stato non si fece attendere. Lo stato di guerra venne dichiarato già dal 26 Luglio dal capitano generale Don Luis de Santiago Manescau, autorità militare a cui Don Ossorio, dimessosi, aveva ceduto il potere (che da civile passò a militare), e rimase in vigore fino al 17 Agosto. La sua finalità pareva essere quella dell'intimidazione per il contenimento della protesta, e sui muri della città vennero affissi manifesti che indicavano le nuove disposizioni per la situazione eccezionale. Le direttive da Madrid, però, erano chiare ed esplicite: era necessario e urgente un intervento drastico per sedare la sommossa. Sulla linea della fermezza, per quella che consideravano una sedizione in atto, si attestavano sia il Presidente Maura, sia il ministro della

---

madri di quei soldati, per impedire il loro sbarco e il loro coinvolgimento nella guerra. Secondo Maura, il numero dei soldati era più del doppio delle guardie civili, inoltre erano dotati di seicento cavalli e dodici pezzi di artiglieria montada. Per quanto riguarda la "policìa del cuerpo de seguridad", si collocava in una posizione intermedia tra guardias civiles e truppe.

[69] Archer, The Life, death and trial of Francisco Ferrer, cit., pag. 127

guerra; ma il capitano generale Manescau prese una decisione diversa, limitando a disporre i "guardias civiles" in zone strategicamente importanti della città: «a pesar de las òrdenes categòricas del ministro de Guerra que exigìa se usaran inmediatamente los canones para poner fin a la revuelta, el capitàn general no buscò a los rebeldes ni tratò de subyugarlos en seguida. Se limitò a poner guardias a los edificios pùblicos màs importantes».[70] Sotto stato di guerra, la città venne completamente isolata e paralizzata. I manifestanti distrussero quasi tutti i mezzi di comunicazione, per compromettere la trasmissione di informazioni da Madrid. Furono alzate barricate in tutta la città, vennero distrutti i ponti, si fermarono i treni e i tram, mentre il danneggiamento dei cavi elettrici provocò l'interruzione del servizio telefonico e telegrafico.

Oltre a Barcellona, la miccia era esplosa in tutta la Catalogna: da Mataro a Premia, da Terrassa a Llobregat. A Sabadell (città tradizionalmente anarchica e repubblicana, a circa venticinque km da Barcellona), dopo aver dato in fiamme all' "ayuntamiento" locale, si proclamò la repubblica catalana. In un clima in continuo fermento, prendeva corpo, in varie parti della Catalogna, l'idea di raggiungere Barcellona. Alcuni facinorosi di Sabadell vi si recarono, ma il Comitato di Huelga centrale rifiutò il loro ausilio all'atto rivoluzionario. La protesta invocata dal Comitato aveva preso forma e, trascendendo le aspettative degli organizzatori, si stava tramutando in qualcosa di più serio e articolato: in poche ore, nella giornata del 26 Luglio, la protesta si era trasformata in sommossa generale.

Martedì 27. «La Comisión se reunió con determinadas

---

[70] Maura, La Rosa de Fuego, cit. p. 213

personalidades de los partidos de la extrema izquierda burguesa, con objeto de encauzar una fórmula encaminada a encauzar el movimiento, sacando de èl toda la utilidad posible. Sindicalistas, socialistas y libertarios, todas las fuerzas obreras y militantes barcelonesas, estaban conformes en que aquel adquiriese matiz *republicano. Pero estas entrevistas dieron un resultado totalmente negativo*[71].

Dunque, nel secondo giorno di rivolta, nonostante il fallimento tentato dal Comitato di Huelga di assegnare un unico valore repubblicano alla sommossa, e così riunire insieme le varie anime antagoniste di Barcellona, il contesto era quello rivoluzionario. La lotta si era estesa in tutte le vie del centro, e la guerriglia barricadera era ormai un fatto reale dappertutto in città. Le giornate che vanno da Martedì 27 a Giovedì 29, videro la supremazia dei manifestanti nella guerriglia urbana. I pochi effettivi schierati dallo Stato, che in taluni casi non avevano alcuna motivazione per reprimere la rivolta, dato che molti degli effettivi appartenenti all'esercito vedevano nella mobilitazione di massa, *letteralmente* le proprie madri, lasciarono il campo ai sovversivi, che controllavano buona parte della città.

Giovedì 29, però, arrivarono i rinforzi da Madrid, e la situazione cambiò radicalmente. Furono inviate truppe, ma soprattutto i fedeli guardias civiles, che ristabilirono

---

[71] "La Revoluciòn de Barcelona, art. Colectivo etcètera, "En plena revolución", pag.9. Il saggio, di ispirazione chiaramente anarchica e orientato a utilizzare gli avvenimenti della Semana Tragica per scopi strumentali,è collettivo, non si indica un autore.

l'ordine in poco tempo, tanto che già da Sabato la situazione era tornata ad una "semi normalità". La rivolta era stata sedata, il tentativo di insurrezione generale, seppur con momenti di trepidazione e di relativo successo, era sostanzialmente fallito.

In quelle giornate calde, fu presa di mira dai manifestanti soprattutto un'istituzione, quella ecclesiastica. «I reati connessi alla rivolta furono raggruppati in due grandi categorie: comuni-in cui rientravano il saccheggio e l'incendio degli edifici ecclesiastici e che furono giudicati dai tribunali civili- e di rebeliòn militar, che furono giudicati da tribunali di guerra. La distinzione tra le due categorie è particolarmente significativa se si pensa che la Semana Tragica viene sempre evocata attraverso le immagini dei roghi delle proprietà ecclesiastiche, mentre furono proprio questi i reati che ricevettero punizioni minori(...) in una settimana, i morti tra gli ecclesiastici furono solo tre, se si paragona questo dato all'altissimo numero di edifici incendiati, risulta ovvia la volontà degli scioperanti di non danneggiare le persone fisiche»[72]. Fu dunque un attacco simbolico alla Chiesa come istituzione, non ai suoi elementi di alto grado (seppur con notevoli e tremende

---

[72] Esposito, Francesca. "Francisco Ferrer y Guardia nella cultura italiana del Primo Novecento. Tesi di Laurea in Storia Contemporanea, aa. 2001-2002, Università di Bologna. Il numero degli edifici religiosi bruciati registrato è molto elevato. Furono dati alle fiamme ventuno chiese su cinquantotto, trenta conventi su settantacinque. L'unica zona che non vide bruciare le chiese, fu il quartiere Sarrià, tradizionalmente difeso dai carlisti.

eccezioni), né ad altri rappresentanti del sistema di potere. Ma perchè si attaccarono precisamente gli edifici ecclesiastici? Joaquin Romero Maura dà una spiegazione particolare e interessante, per cui fu la stessa propaganda della Chiesa a rivoltarglisi, paradossalmente, contro: «la misma propaganda catolica se conjugaba con la anticlerical en dan-o de la propia Iglesia. Catòlicos y anticlericales estaban de acuerdo en el que el ataque a la Iglesia minaba la sociedad establecida. La justificaciòn del estatus quo, proviniera de laicos o religiosos, se apoyaba generalmente en las encìclicas, en textos religiosos o en los conceptos màs manejables del iusnaturalismo cristiano»[73].

Dunque, cattolici e anticlericali condividevano la teoria cristiana per cui le fondamenta teoriche e giustificazioniste della società risiedevano nella dimensione religiosa. D'altro canto, però, ne davano una lettura radicalmente diversa: da una parte si trattava infatti di mantenere tale status quo (visione fondativa positiva della società), dall'altra di abbatterlo (visione fondativa negativa). Il valore simbolico del potere fondativo della Chiesa si orientò contro di essa, e fu la causa delle violente azioni in funzione anticlericale. Dunque, attaccando la Chiesa, si attaccava il fondamento teorico della gerarchizzazione della società. Durante la settimana tragica, l'incendio dei conventi, delle Chiese e degli edifici religiosi in generale, fu *la trasposizione di un attacco politico e repubblicano*. Fu una specie di sineddoche storica: *si* attaccava materialmente la Chiesa, per colpire moralmente la monarchia e la stessa struttura gerarchica societaria.

Gli anziani del posto rievocarono i racconti dei moti

---

[73] Rosa, La rosa de fuego, cit., p. 535

anticlericali del 1835[74], in una spirale repubblicana e anarchica che alimentava il mito insurrezionalista dell'anima popolare catalana, ben esposto dalla massima lapidaria di Don Ossorio, secondo la quale a Barcellona non vi è bisogno di preparare la rivoluzione, perché è sempre, costantemente, preparata. Un elemento scabroso e macabro della ribellione consistette nella profanazione dei cadaveri di monache e sacerdoti, e nella loro pubblica esposizione sui portoni delle Chiese. I conventi e gli edifici ecclesiastici dati alle fiamme, erano lasciati senza alcun tipo di protezione da parte dello Stato, che concentrava le sue forze d'ordine nelle piazze e nelle vie del centro. Nel convento de "las Jeronimas", sabato 31 Luglio, avvenne un fatto che ebbe forte risonanza. Vennero riesumati quattordici cadaveri dalle tombe e trasferiti per le strade, e abbandonati in varie parti della città.[75]

---

[74] Nel 1835 Barcellona e Reus (comune catalano), furono teatro di gravi moti e di incendi contro i conventi e i monasteri degli religiosi spagnoli, accusati di appoggiare i carlisti nella Guerra Civile. Questo è uno degli episodi storici utilizzato come antecedente per la costruzione dell'anticlericalismo come dato ontologico e, per certi versi antropologico, a Barcellona. In ogni caso, la gravità della Settimana Tragica e le sue conseguenze, è comparativamente incommensurabile a quella del 1835.

[75] Una parte della storiografia anarchica ha cercato di giustificare questo macabro aspetto della Settimana Tragica, attraverso il recupero di una leggenda che aleggiava su quel convento. Negli ambienti popolari era uso raccontare che nel monastero de las Jeronimas fosse in uso la pratica di legare mani e piedi alle monache e sotterrarle vive. I manifestanti, trovando un Monastero bruciato, distrutto e ormai lasciato a

Abbiamo accennato dunque al carattere spiccatamente anti monarchico e *repubblicano della* ribellione. In tal senso si devono considerare gli attacchi alla Guardia Civil e ai gendarmi, visti come i principali difensori della monarchia. Nei fatti di Luglio persero la vita nove difensori dell'ordine. Ciò che non sempre si sottolinea rispetto ai fatti della Semana Tragica è che, fondamentalmente, non fu una rivolta di matrice classista. Non ci furono infatti attacchi ai "patronos", ossia ai padroni-imprenditori, nessun atto di espropriazione, nè occupazioni di fabbriche o "talleres": «In the early hours of Monday 26th, some workshops and factories resumed works; but as soon as the news spread that the strike was effectively taking effect, work was everywhere abandoned. In some cases the employers themselves ordered the workmen out, fearing to have the windows broken»[76]. Se è vero che la "guerra de los banqueros" era distante dalle simpatie popolari, non è meno vero che moltissimi dei partecipanti alla protesta furono incalzati dalla parte più "barricadera, de espiritu rebelde", e si allontanarono

---

sé stesso, vollero soddisfare questa curiosità morbosa, alimentata dai racconti popolari. I corpi riesumati furono dunque esposti per le vie della città, fino all'intervento della polizia e al ristabilimento dell'ordine. Fu uno degli ultimi episodi della Settimana Tragica: di lì a poche ore, infatti, si sarebbe conclusa la ribellione in città e in provincia. Sulla storia degli incendi del monastero de las Jeronimas, vedasi il resoconto nella Biblioteca digital dell'Universitat Aùtonoma de Barcelona: https://ddd.uab.cat/pub/llibres/1915-1917/59716/relcatdurpri_a1915-1917t4r3c25.pdf

[76] Archer, The life, death and trial of Francisco Ferrer, cit., pag. 127

controvoglia dai luoghi di lavoro. Alcuni addirittura spinti dagli imprenditori, che chiusero le fabbriche per paura di danni materiali agli stabilimenti. In Maura questo elemento è spiegato da un fattore prettamente politico: la scarsa rilevanza dell'anarchismo barcellonese nei moti di Luglio: «El republicanesimo de la Casa del Pueblo no llevaba a la expropiaciòn ni a la matanza de los burgueses, por màs que èstos se sorprendieran algo al comprobarlo, y sintieran en agosto una especie de agradecimiento hacia las turbas que se han contentado con quemar iglesias. Todo lo cual corrobora la èscasisima penetraciòn de la propaganda anarquista entre aquellas masas de Barcelona»[77], Inoltre,

---

[77] Maura, La Rosa de Fuego, cit., p. 519 Secondo questa ricostruzione, i borghesi della città si sentirono in effetti "graziati" dai manifestanti. Maura indaga la psicologia di questi attori: si intravede, nella quiete agostana, una sorta di "explicatio non petita", come se i borghesi, i capitalisti e gli imprenditori in genere avessero ravvisato, nella distruzione di edifici ecclesiastici, una sostituzione materiale del vero bersaglio. Avevano colpito materialmente la Chiesa per colpire moralmente loro, cioè il potere simbolico e teorico della gerarchia societaria, e non quello effettivo e reale, in un ribaltamento paradossale del rapporto Stato-alta imprenditoria-chiesa, su qui (insieme all'esercito), si reggeva il sistema di potere spagnolo da tempo immemore. Va però aggiunto un altro elemento rispetto alla sensazione comune della borghesia cittadina, cioè quello di una supposta estraneità rispetto alla natura del conflitto. Il conflitto vero, infatti, risiedeva tra l'anarchismo cittadino e un altro nemico: "la burguesìa y las capas medias barcelonesas saturadas de protesta, consideran que lo que ventila no les incumbe para nada, por ser un pleito entre el gobierno madridista y los revolucionarios de Barcelona" Ivi, p512.

gli operai tornarono subito ai posti di lavoro, già da Lunedì 2 Agosto. La huelga general che, dopo le prime pericolose ore, non era deflagrata nel resto della Spagna (Madrid, Valencia, Bilbao), in Catalogna si convertì presto in una insurrezione. «Fue aquèl un movimiento *sin cabeza* -por màs que ciertas iniciativas pudieran salir de algunos de los grupos políticos. Los socialistas se limitaron a tratar de llevar el movimiento hacia una salida republicana, y no lo consiguieron. Los anarquistas tampoco pudieron

---

Dunque, se ci si immedesima nella prospettiva borghese, il vero obiettivo della rivolta era il centro del potere spagnolo, ossia Madrid: era una rivolta nata dai fatti di Melilla e dai disastri imperialistici, di cui loro non erano i responsabili principali, sebbene alcuni degli interessi economici di questa classe non fossero certo in collisione con le avventure nella zona del Rif. Di seguito, si riportano alcune righe del libro di Maura che permettono, a mio parere, di entrare perfettamente nelle sensazioni provate dai borghesi, spettatori passivi nei giorni dello scontro. Si riesce quasi a respirare il clima di eccitazione, paura e confusione, data dalla reclusione forzata di quelle ore. "A partir del Lunes, Barcelona ofrece un aspecto curioso. Recluidos en sus casas, durante el dìa como durante las noches interminables, sin gas ni luz, la burguesía local, los neutros(...), son los espectadores. Imperceptibles y mudos, detrás de sus portales cerrados y de sus ventanas bajadas, esperan, pasan de una silla a otra. Auscultan la calle. El silencio les inquieta. Los tiros de pistola o de fusìl màs aùn, porquè no se sabe quièn dispara." Ibidem. Gli uomini della borghesia, comunque, erano preparati e armati. Secondo Maura, disponevano di più armi rispetto ai proletari manifestanti, ma non furono costretti a usarle per le motivazioni sopra dette.

imponerle el rumbo al movimiento: les faltaron corazòn, o armas, y sobre todo ambiente: se limitaron a predicar la huelga primero, a pugnar por mantenerla, a alegrarse por la quema de los edificios religiosos.

El Partido Republicano no dirigiò la rebeliòn, que se consumò en esfuerzos diseminados»[78]. Questo è un elemento da tener ben presente per il nostro elaborato. L'insuccesso della Semana Tragica, derivò dalla sua stessa origine spontanea, eterogenea e certamente non eterodiretta. Fu una rivolta acefala, la cui portata sfuggì al Comité de Huelga, internamente diviso e non sufficientemente preparato a fronteggiare una situazione simile, e prese forme contraddittorie e variegate, impossibili da codificare in un unico schema interpretativo. La divisione all'interno dei gruppi che parteciparono alla ribellione, unita alla "falta de corazòn o de armas", la mancanza di coraggio o armi, ne definiscono il carattere breve e spontaneo. Nessuno si pose a capo della sommossa, nessuno la indirizzò verso finalità prestabilite: la sua potenziale pericolosità, che terrorizzò gli ambienti borghesi fino all'arrivo dei rinforzi dall'esterno, derivava proprio dalla sua essenza naturale, spontanea, senza mediazioni, e con troppe bandiere diverse.

Il conflitto, però, aveva lasciato 113 morti, di cui 104 civili, centinaia i feriti e più di duemila detenuti. La città era stata teatro di una sommossa i cui responsabili dovevano essere perseguiti e puniti dal punto di vista giudiziario e militare. I tribunali militari accusarono per l'insurrezione gli anarchici, i repubblicani, i socialisti e il partito radicale di Lerroux. Si decretarono cinque pene di

---

[78] Ivi, p. 513

morte : «los cuatros primeros individuos ejecutados por el delito de sediciòn, es decir de rebeliòn militar, fueron – por orden cronològico- Josè Miquel Barò, lider de la revuelta de San Andrès (17 de Agosto); Antonio Malet Pujol, por quemar los enseres de una iglesia y por disparar contra las fuerzas armadas (28 de Agosto); Eugenio del Hoyo, el guardia de seguridad que disparò sobre una patrulla del ejército 813 de Septiembre) y Ramòn Clemente Garcìa, el carbonero imbècil que había bailado con el cadáver de la monja, Ninguno de ellos fue acusado de haber matado a nadie. Ninguno de los incidentes había sido de importancia decisiva en la rebeliòn»[79]. Il quinto individuo ad essere arrestato, infine, fu Francisco Ferrer y Guardia.

Il processo a Ferrer

«Nonostante il nome di Ferrer fosse circolato da subito in ambienti di indagine, la rosa dei possibili capi della rivolta della Settimana Tragica fu molto più ampia. Inizialmente, i responsabili della direzione dei moti furono cercati in tre ambienti distinti: tra i nazionalisti catalani, tra gli anarchici e infine tra i radicali».[80] La storiografia è ormai unanime nella valutazione del processo Ferrer come una "farsa", creata ad hoc , la cui sentenza pareva già scritta anteriormente. Questo elemento fu lampante agli occhi di molti contemporanei, tra cui giornalisti, attivisti e simpatizzanti della causa, che notarono fin da subito alcuni

---

[79]   Ullman, La Semana Tragica, cit., p. 588
[80]   Esposito, Francesca, Francisco Ferrer y Guardia nella cultura italiana del primo Novecento, cit. p.113

68

elementi preoccupanti nella costruzione del caso: le incongruenze delle motivazioni dell'accusa, la necessità di trovare una figura espiatoria, e soprattutto l'assoluta singolarità procedurale nella formulazione delle accuse a Ferrer. Archer, ad esempio, racconta con sarcasmo che : «it is amazingly easy to tell the story of the Revolution of July, without a single reference to the author and chief of it»[81].

Tra i vari resoconti contemporanei ai fatti, risulta interessate- per contenuto e per forma-, quello di Luigi Campolonghi[82]. Attraverso "el juicio ordinario seguido ante los tribunales militares en la plaza de Barcelona contra

---

[81] Archer, The life, death and trial of Francisco Ferrer, cit., pag. 128

[82] Le fonti utilizzate dal Campolonghi per l'esame del processo e della morte di Ferrer sono gli atti ufficiali editi dal ministro Maura e, come egli stesso scrive, "le informazioni favoritemi da Soledad Villafranca, la dolce amica del direttore della Escuela Moderna". E' evidente che in Campolonghi vi siano due piani del racconto. Da una parte va notata l'attenta lettura e interpretazione delle carte; dall'altra l'autore cerca di smentire alcuni passi degli atti attraverso le confidenze fattegli da Soledad Villafranca, l'amante di Ferrer che aveva provocato le ire nefaste del Morral. Bisogna dunque tener presente che nell'opera dell'autore, le fonti ufficiali vengano, in certa misura, smentite da informazioni di una persona parte del processo, influenzata dal rapporto personale con l'accusato. Di fatto, ciò non inficia l'ottimo resoconto svolto dal giornalista. Egli stesso, nell'introduzione alla biografiia, spiega al lettore la finalità ultima dell'opera, indicando la necessità di "dimostrare la mostruosità del processo di Barcellona: di contribuire cioè a dare un contenuto pratico alla nuova protesta della democrazia". Campolonghi, giornalista e simpatizzante della causa.

Francisco Ferrer y Guardia»[83] , fu incaricato di istruire la causa il capitano Don Jesus Marin Rafales, capitàn del regimento de Infantería De Vergara, numero 57. "El consejo de guerra tuvo lugar proprio en el castillo de Montjuic. El tribunal estaba presidido por el teniente coronel de Infanterìa Eduardo Aguirre de la Calle, siendo consejeros los capitanes Sebastián Carreras, Pompeyo Martì, Marcelino Dìaz, Manuel Llanos, Aniceto Garcìa, y Julio Lopez.»[84]. La fattispecie di ribellione fu sancita dalla convergenza di alcuni elementi: «para existir la rebeliòn basta el alzamiento público y en abierta hostilidad con ; "el grito !Viva la Republica!", accompagnato da actos conducentes a su proclamaciòn, lleva implicito el destronamiento del Monarca y para substituir la forma monárquica de Gobierno con la republicana».[85] La necessità del fiscal era dimostrare che non si trattasse di una ribellione "comune", ma di una ribellione *militare*. Si avvalse del codice 237 de la Justicia Militar: «la rebeliòn militar exige precisamente, y como condiciòn, sine qua

---

[83] Gli atti del processo sono reperibili, in forma digitale, all'indirizzo: http://bdh-rd.bne.es/viewer.vm?id=0000256488&page=1. Va notato che non viene citata la difesa di Ferrer, da parte del capitano Galceràn, elemento su cui Campolonghi ha molto insistito, e che è invece presente nell'elaborato del "Comitè de Defense des victimes de la repression espagnole", reperibile, in francese, sul sitohttps://gallica.bnf.fr/ark:/12148/bpt6k5810206c/f11.item : (ultima visita: 18-10-23)

[84] Atti del processo, parte introduttiva

[85] Ibidem

non, el alzamiento en armas»[86]. Ammesso questo preliminare elemento di base, era necessario ora indicare i colpevoli (o il colpevole), della ribellione militare che si scatenò durante la settimana di Luglio. Era necessario dunque relazionare Ferrer alla sommossa. Seguendo l'ottima sintesi di Campolonghi, possiamo dividere la tesi accusatoria del fiscal in tre parti:

1)   Ferrer prepara la sommossa;

2)   Ferrer capitana la sommossa;

3)   Il carteggio di Ferrer è in armonia col passato.

Per quanto riguarda la prima accusa, ovvero la preparazione della sommossa, il fiscale chiama in causa Manuel Jimenez Moya, giornalista radicale d'assalto, «teste non sospetto, perché per la esaltazione delle sue idee è esiliato a Mallorca (...) e ritiene che il Ferrer fosse a capo del movimento»[87]. *Ma dov'era Ferrer*? Avevamo lasciato il pedagogo nei suoi viaggi tra Parigi e Londra, in seguito alla scarcerazione per l'affaire Morral. All'epoca dei fatti di Luglio, era tornato dall'Inghilterra, in cui risiedeva con la compagna Soledad Villafranca, da meno di un mese, per visitare la cognata e la nipote, (cioè la moglie e la figlia di suo fratello José), che risiedevano nella sua tenuta al Mas Germinal, a Montgat, il piccolo borgo distante pochi km da Barcellona.

Il 26 Luglio, primo giorno della rivolta, si trovava a Barcellona. Lì, fu visto da vari testimoni, in varie zone e a diverse ore del giorno. Tornando al teste "nada

---

[86] Ibidem

[87] Campolonghi, l'Assassinio di Francisco Ferrer y Guardia, cit., p.67

sospechoso" Moya, la regia organizzativa della sommossa è da rintracciare ne "la Solidaridad obrera". Era necessario dunque trovare il punto di incontro tra questa e Ferrer, perciò si rievocò un prestito di denaro avvenuto anni addietro: «Ferrer li aveva sovvenuti con un prestito di 900 pesetas. A questo unico contatto il Fiscal attingerà gran parte delle sue argomentazioni, non solo; poiché l'ausilio prestato alla Solidariedad era dispiaciuto a taluni repubblicani lerrouxisti del Progreso e della Casa del Pueblo, associazione di carattere repubblicano opposta in certo modo alla Solidaridad, il Fiscal si compiacerà di chiamare a testimoniare contro il Ferrer così gli amici della Casa del Pueblo come quelli del Progreso»[88].

Campolonghi, nella sua appassionata difesa, rammenta giustamente le contraddizioni e le conflittualità interne ai vari movimenti anarchici, radicali e sindacalisti. Chi erano questi testimoni? Nel Processo se ne citano alcuni: esattamente quindici testimoni menzionano l'incontro Ferrer- Solidaridad Obrera, e soprattutto un mutamento, un salto di qualità, nell' atteggiamento sovversivo a Masnà (Masnou, località marittima a 18 km da Barcellona), e a Premià de Mar, sulla costa, in seguito alla presenza di Ferrer nei rispettivi comitati organizzativi. Da questo, se ne deduce che egli fu l'artefice della preparazione della sommossa. È necessario ricordare che, nella visione (e nella necessità) dell'accusa, la protesta *non poteva essere spontanea*, né da parte della popolazione civile, né da parte degli operai, ma eterodiretta e organizzata. A sostegno di questa tesi, viene citato l'elemento riportato anche da Archer: il 26 Luglio, primo giorno di huelga, gli operai non

---

abbandonarono i loro posti di lavoro per iniziativa propria, ma furono obbligati a sospenderlo a causa dei gruppi di manifestanti, guidati dalla leadership femminile, che ricorrevano i negozi e le fabbriche. Il che, per la maggior parte dei lavoratori, può considerarsi vero. Veniamo a Ferrer. Nella ricostruzione del fiscal, Ferrer si recò a Barcellona, in Piazza Antonio Lopez, nel pomeriggio del 26 Luglio. Lì fu disperso dalle forze dell'ordine, insieme ad alcuni manifestanti. Secondo l'accusa, la sua presenza nella capitale catalana provocò, come in provincia, un cambiamento radicale nella forma e nell'intensità della protesta. Dal 26 al 29 Luglio Ferrer si trattenne in città, e nelle prime ore del 29 tornò al suo rifugio, il Màs Germinal, la casa ad Alella comprata con una parte dell'eredità della signorina Meunier.

Lo stesso giorno in cui si infiammò la protesta, Ferrer fu dunque riconosciuto in piazza. Come venne riconosciuto, in mezzo alla massa di protestanti? La risposta è da cercarsi negli indumenti particolari, che lo differenziavano dagli operai: «llevaba traje azul y sombrero de paja -giacca blu e cappello di paglia-, nos extrañamos de la presencia de un hombre diferente»[89]. Il 27 fu riconosciuto sulla rambla, all'altezza del Liceu, da Francisco de Paula Colldeforns. La dichiarazione risulta alquanto sospetta: «entre las siete o ocho y media viò un grupo capitaneado por un sujeto que le pareciò Ferrer y Guardia, que *solo habìa visto en fotografìa.*» [90] Il giorno seguente viene riconosciuto in diverse occasioni, da vari testimoni: un barbiere di Masnou dichiara che si presentò per farsi radere nella sua barberia.

---

[89] Atti del processo
[90] Atti del processo

Ferrer fece arrivare il Presidente del Comitè Republicano, e secondo il testimone, gli propose di recarsi all'Ayuntamento e di proclamare la Repubblica, ma che lui, come altri, si negarono. Puig Ventura e il barbiere affermano che gruppi di amotinados, arrivati da paesini vicini a Masnou, aspettavano l'arrivo Ferrer, il quale però non fu visto, e "desapareciò de su casa el dìa 29, no habièndosele vuelto a ver". Il terzo testimone è tal Llarch, aiutante del sindaco di Masnou. Secondo le sue dichiarazioni, l'accusato avrebbe cercato di convincerlo ad assecondare e alimentare, a Masnou, la protesta in corso a Barcellona. Al diniego di questo, Ferrer avrebbe risposto che era necessario incitare la gente affinchè uscisse *a bruciare conventi e chiese*, che a lui *non importava nulla della Repubblica: l'importante era che ci fosse una rivoluzione.*

I supposti propositi sovversivi di Ferrer non furono ascoltati, ma Llarch conclude con una considerazione importante: "se non fosse stato per Ferrer, la protesta iniziata il 26 Luglio non avrebbe avuto conseguenze tanto drammatiche". Un altro elemento da aggiungere riguarda la cittadina di Premià: anche lì Ferrer cercò di persuadere il sindaco locale alla proclamazione della Repubblica: "como no acepta esto si la República está proclamada ya en Barcelona, Madrid, Valencia y otras capitales?" Notiamo da queste prime dichiarazioni un apparente sdoppiamento, per certi versi contraddittorio, nelle intenzioni rivoluzionarie di Ferrer. Da una parte, l'instaurazione della Repubblica viene considerata necessaria, in provincia, sull'onda delle rivolte di Barcellona; dall'altra, viene riportata la sua frase "No me importa de la Republica". È una contraddizione negli atti da tener presente. Infatti, nella metodologia dell'istruttoria, pare scorgersi un preciso orientamento: tenere insieme l'anima anarchica e l'antica anima repubblicana del pedagogo. Il fatto su cui si concentra l'accusa è che si scatenarono vari e sanguinari atti di ribellione, dopo circa un'ora dal congedo di Ferrer da Premià, tra cui l'attacco al convento de "Hermanos de la Doctrina Cristiana": la sua presenza, ancora una volta, viene valutata decisiva nel preludio alle proteste. Ferrer fu citato anche dal testimone Salvador Millet.

La sua testimonianza aggiunge un ulteriore elemento al quadro: «el 27 o el 28 se presentaron en Masnou grupos de revoltosos, que asaltaron el Ayuntamiento, y que hablaban en nombre de Ferrer, el cual no podìa asistir al acto por reclamarlo asuntos de la revoluciòn de Barcelona»[91] . Questo dato che testimonia l'*assenza* di Ferrer nei motines di Masnou, è citato con enorme peso da Campolonghi. A questo punto della trattazione, il fiscal dichiara che basterebbe ciò che è stato esposto per stabilire il carattere di *jefe de la rebelión* di Ferrer. Da un lato, lo si vede infatti capitanarla personalmente (come sulla rambla di Barcellona la sera del 27 Luglio); dall'altra, stabilire i fini della ribellione stessa e cercarne i mezzi (in provincia, a Premià e Masnou).

Vi sono poi altri elementi da tenere in considerazione. Due capitani del reggimento dei "Dragones de Santiago" arrestarono il 28 Luglio, in Calle Borrel, un gruppo di manifestanti. Alcuni fra questi furono trovati in possesso di revolver smith, e dichiarano che gli erano state assegnate da un signore che non conoscevano, ma la cui singolarità era evidente dai suoi indumenti: portava infatti

---

[91] Atti del processo

una giacca blu e un cappello di paglia. Ma l'elemento su cui maggiormente insiste l'accusa è di natura controindicativa: tra i vari testimoni[92] del processo, molti dei quali dichiarano di non sapere nulla, nessuno avrebbe pronunciato una parola in difesa dell'innocenza di Ferrer. Anche ammettendo questo, si tratterebbe comunque di un indizio di poco conto: il fatto che nessuno abbia fornito elementi che orientino il giudizio verso l'innocenza, non è un indizio di colpevolezza.

Altrimenti, dal punto di vista logico, dalle testimonianze che non forniscono elementi probatori (la maggioranza dei testimoni dichiararono di "non sapere nulla"), vi si potrebbe dedurre un indizio di non colpevolezza e, dunque, di innocenza. Inoltre, l'avvocato difensore di Ferrer asserirà con fermezza che i testimoni che avrebbero potuto scagionare Ferrer non furono ascoltati, per vizi - volontari- di forma. In questo caso, dunque, la motivazione accusatoria appare alquanto debole, priva di una forte logica di sottofondo, ma ciò che ci interessa è che, seguendo questi elementi, Ferrer viene dichiarato "jefe y capo de la rebelión".

Il terzo punto di Campolonghi riguarda la continuità con un passato eversivo. Negli atti, in effetti, viene citata la sommossa del 1886 e, più in generale, la partecipazione a tutti i

movimenti dal 1885[93]. Va notato un elemento

---

⁹² Che per ragioni di sintesi abbiamo ristretto a un corpus limitato, sottolineando quelle che sembrano essere le dichiarazioni più importanti; ma che, negli atti del processo, sono circa settanta.

⁹³ L'accusa cita alcune pagine biografiche scritte da Ferrer e

indirizzate a Monsieur Fournemont e una parziale nota autobiografia, che ne descrive l'inclinazione alla propaganda repubblicana e anarchica-ma non alla ribellione-, pubblicata su una rivista, nel 1906: "No concibo la vida sin propaganda, doquiera me halle, en la calle, en el tranvìa, en establecimientos, en el tren, con quienquiera que se presente delante, he de proponer algo". Atti dei processi, foglio n.22. L'accusa ricorre poi a citare altre pagine di Ferrer, per enfatizzare la sua anima anarchica e sovversiva. Si risale addirittura a un suo proclama diretto al Congresso dei liberi pensatori del 1892. In questo, Ferrer affermerebbe la necessità di organizzare un gruppo di 300 uomini per una ribellione futura, che lo seguano e che siano i primi ad entrare in combattimento, il giorno segnalato: "buscaremos el momento propicio, como por ejemplo el momento de huelga, o del 1 Mayo". Ferrer starebbe dunque preparando il terreno e facendo opera di propaganda per l'atto rivoluzionario da tempo immemore, aspettando solamente il momento propizio, che si manifesterebbe nella settimana tragica. In questo caso, il modus operandi dell'accusa, risulta funzionale alla condanna. Si estrapolano infatti alcune frasi da un proclama di diciassette anni prima e le si fanno coincidere esattamente con la situazione presente: alcune azioni o pensieri espressi da Ferrer in passato, vengono modellati su misura per il contesto della Settimana tragica. Vi è un utilizzo di una poliedrica storia individuale perlomeno arbitrario e strumentale. Inoltre, va considerato un altro fatto. Molti giornali repubblicani o anarchici catalani (abbiamo citato, tra gli altri, El Progreso), istigavano ferocemente alla ribellione, già dalle proteste di inizio secolo. Non vennero condannati a morte per questo motivo i direttori delle testate giornalistiche repubblicane o anarchiche, anche se vennero costretti al silenzio dalla censura. Sul terzo punto di Fromentin è necessario ribadire importante nel rapporto tra "le sinistre" e Ferrer, e cioè gli articoli che scriveva, sotto il prima citato pseudonimo "Cero", su la "Huelga General", rivista barcellonese di simpatie anarchiche, in cui, otto anni prima, il protagonista difendeva la teoria di una rivolta generale. Secondo l'ottima ricostruzione di Avilès, Ferrer ebbe un rapporto duraturo e proficuo con il mondo de la Huelga General: «La Huelga General fue una publicación que apareció en Barcelona en noviembre de 1901 y a la que Ferrer no se limitó a dar un apoyo financiero. En 1910 Anselmo Lorenzo reveló que los artículos que en sus páginas firmaba Cero eran obra de Ferrer y los imprimió en un folleto. En ellos Cero defendía el ideal anarquista; explicaba que la huelga general conduciría a una edad de oro, tras haber acabado con el capitalismo, el Estado y la Iglesia; sostenía que debía comen- zar a nivel regional, para luego extenderse; advertía que sería sangrienta, no porque lo desearan sus promotores, sino por la resistencia de la burguesía; rechazaba cualquier negociación con las autoridades, y desaconsejaba la realización de manifestaciones pacíficas.

En un significativo artículo, publicado en vísperas de la huelga general que efectivamente paralizó Barcelona en febrero de 1902, Cero explicó además su ruptura con el republicanismo. Si los republicanos se hubieran unido al pueblo para hacer la verdadera revolución, explicaba, la monarquía se hubiera hundido, pero ya era demasiado

---

che i proclami, gli appelli o i manifesti politici, sono cosa ben diversa dalla precisa programmazione e conduzione di una ribellione generale. Si ricorre qui a un anacronismo strumentale e forzoso.

tarde, porque la propaganda libertaria había penetrado demasiado en las masas para que éstas siguieran a los «políticos de oficio», que ni tenían medios para hacer la revolución ni se atrevían a prometer más que lo que ya habían concedido las repúblicas de otros países. «No nos basta ya la República - concluía -. Preparemos la Huelga General»[94] .

Analizzando una lettera privata[95], il Fiscal ravvisa alcune contraddizioni in Ferrer. In questa, infatti scrive di essere pronto ad aiutare la causa repubblicana, ma di voler restare nella più assoluta oscurità. Dalle testimonianze citate, però, viene individuato in ben tre luoghi "caldi", in circostanze differenti tra loro. «Perserveridad del delincuente, por los fines que senalò a la revoluciòn, no ya de un cambio politico màs o menos profundos, sino de una verdadera revoluciòn social anárquica... ni por la constante y antigua propaganda en este sentido, ni por la hipocresía y bajeza de espíritu del querer quedar en la sombra... la trascendencia del delito es inmensa»[96] L'aggravante di colpevolezza consisteva nel fatto che gli interessi dello Stato fossero stati lesionati doppiamente: da una parte, per lo spostamento delle truppe da una zona di guerra (nel Rif, in Marocco), alla repressione della huelga; dall'altra, per il sacrificio economico che ciò comportò. Inoltre, vengono ricordati i vari incendi, saccheggi, danni materiali alle cose pubbliche, di cui vi sono certamente responsabili

---

[94] Avilés, Juan, Republicanismo, Libre pensamiento y revoluciòn: la ideología de Francisco Ferrer, in "Ayer

[95] Lettera di Ferrer a D. Odon de Bèn, di cui è incomprensibile la citazione dell'anno negli atti.

[96] Atti del processo

individuali, ma che trovano le loro fondamenta nelle opere di istigazione passate e contemporanee, teoriche e pratiche dell'accusato. «Concluyo, por el Rey, pidiendo para Francisco Ferrer y Guardia la imposiciòn de la pena de muerte»[97] Dunque, «en los careos con Ferrer, los radicales insistieron en las acusaciones contra él. El àcrata que durante todo el juicio habìa mantenido una postura de gran dignidad, tuvo entonces su ùnico gesto de desfallecimiento: "me han perdido -dijo-, se han conjurado contra de mi" Terminado el juicio que le condenaba como jefe principal de la rebeliòn, Ferrer dijo simplemente: -me fusilaron por las palabras de cuatro radicales.»[98] Le prove fornite nelle testimonianze da parte dei radicali[99] furono decisive nella colpevolizzazione di Ferrer. Il labile confine

---

[97] Ibidem

[98] Ullman, La Semana Tragica, cit., p. 526. La traduzione di "careo", è letteralmente "faccia a faccia". L'autrice si riferisce cioè alle testimonianze in cui i repubblicani radicali, guidati da Iglesias, insistettero nelle accuse a Ferrer.

[99] Il segretario dei radicali, Emiliano Iglesias (braccio destro di Alejandro Lerroux), fu inizialmente accusato di essere a capo della ribellione. Insieme agli altri radicali, agli anarchici e ai nazionalisti catalani, riuscì però a risultare estraneo ai fatti. Secondo Esposito, "la linea di difesa che i radicali adottarono, si basò, da un lato, sulla netta distinzione tra atti di incendarismo e ribellione militare, e, dall'altro, sulla grande fiducia nelle *buone relazioni che il partito intratteneva da tempo con gli apparati militari*. Me honro con la amistad de muchos de los oficiales que han desempeñado los deberes de jueces, dichiarerà Emiliano Iglesias commentando i processi durante una riunione alle Cortes il 6 Luglio 1910" Esposito, Francesca, p,114

che esiste tra responsabilità morale e autentica colpevolezza, è percorso da tanti testimoni, che riuscirono ad evitare la condanna, in parte per astuzia e in parte per innocenza, ma che riversarono le loro paure e i loro antichi conflitti su un individuo solo, che "pagò per tutti".

Fu incaricato di difendere Ferrer dalle accuse del fiscal l'avvocato d'ufficio, il capitano Francisco Galceran. Da un punto di vista normativo, il processo fu irregolare. Infatti, il capitano non potè godere delle normali condizioni procedurali stabilite dalla legge: gli vennero concesse solamente 24 ore per lo studio delle 600 pagine del sommario e per la preparazione dell'arringa difensiva, che non è presente negli atti del processo, ma della quale conviene forse citare alcuni passi. Emerge dalle parole dell'avvocato d'ufficio la profonda dignità e il contegno morale del capitano di fronte a un'evidente ingiustizia giudiziaria.

Riportiamo una parte del discorso che, più che ad una arringa, assomiglia a un grido di indignazione. «Prima di tutto, io devo esporre le circostanze nelle quali si è svolto il processo di Francisco Ferrer. Nel corso dell'istruttoria, hanno testimoniato tutti i suoi nemici... si sono esiliate tutte le persone che potevano illuminarci sulla sua vita, sui lavori cui si consacrava l'accusato; non ho potuto ottenere che fossero ascoltati i testimoni che desideravano di esserlo. E io mi ritrovo davanti a un processo terminato senza che l'istruttoria, in cerca solamente di accuse e avendo ricorso a questo scopo ad avversari politici di Ferrer, che in tutti i modi han tentato di coprire di fango il mio cliente, abbia un momento solo ricercata la verità»[100].

---

[100] Discorso di Francisco Galceran, citato da Campolonghi, p.

Continua poi il capitano, attaccando ancor più duramente non soltanto i testimoni che, per ragioni di utilità e calcolo personali, si sottrassero alle proprie colpe, indicando altrove la responsabilità dei fatti di Luglio, ma anche il cuore del conservatorismo spagnolo, accusando i reazionari di essere i veri responsabili della settimana tragica, coperti e al contempo macchiati dalla sanguinosa repressione: «tutti gli elementi reazionari uniti alla classe conservatrice e formanti quella coalizione che pomposamente si chiama partito dell'ordine, ma che forse ha provocato per egoismo i fatti di Luglio, hanno voluto nascondere la loro viltà di quei giorni dietro l'inesorabile castigo dei loro avversari, manifestando con ignobile

---

93. La gravità delle accuse mosse da Galceran all'irregolarità procedurale è evidente. Per quanto riguarda il contenuto di queste prime dichiarazioni, conviene specificare alcuni punti importanti. In primo luogo, quando cita la mancata udienza dei testimoni, si riferisce a Soledad Villafranca e alla di lei madre. "Nessun teste a discarico venne interrogato, un po' perchè la maggior parte di quelli che avrebbero potuto discolparlo, si trovarono deportati, un po' perché, della. Lunga lista di persone che dalla Francia aveva telegrafato offrendosi come testimone, a nessuna venne data la possibilità di presentarsi. Molti documenti che avrebbero potuto essere di grande utilità alla difesa vennero confiscati dalle autorità, compresi anche quelli che i molti amici dall'estero si erano affrettati a mandare". Esposito, p. 116. Per quanto riguarda i nemici di Ferrer, le accuse di Galceràn muovono soprattutto in direzione dei filo monarchici, difensori dello status quo e invisi al nostro da sempre; sia verso i nemici "interni", soprattutto i radicali, correponsabili dell'omicidio di Stato.

furore il desiderio che la repressione sia sanguinosa»[101]. Questo è il cuore dell'arringa difensiva di Galceran, che con le sue parole incendiarie accusò il sistema repressivo della società. L'avvocato, membro dell'esercito, con le sue invettive rischiò l'oltraggio alla corte, e la sua difesa fu un baluardo, seppur inefficace, di integrità morale e professionale.

Si evince, dall'invettiva di Galceran, la denuncia morale, ma anche l'ignobile furore, il desiderio di colpevolizzare a tutti i costi un nemico, al di là delle reali responsabilità che gravano sull'accusato. La necessità di un nemico da individualizzare e castigare, forse può essere applicata anche al conservatorismo della Spagna della Restaurazione: «the enemy is one who poses an essential threat to the existence of the people and its members. The enemy is not necessarily the outside enemy, and the outside enemy is not necessarily the most dangerous. It may even appear that there is no enemy at all. The root requirement is then to find the enemy, to bring him to light or even to create him, in order that there may be that standing up to the enemy, and that existence not become apathetic».[102]

Il 10 Agosto, dunque dieci giorni dopo la repressione della sommossa, la polizia invase prima la Libreria de la Escuela Moderna, poi il "Màs Germinal", la residenza di

---

[101] Ibidem

[102]   Desilet, Gregory e Appel, Edward, *Choosing a Rhetoric of the Enemy: Kenneth Burke's Comic Frame, Warrantable Outrage and the Problem of Scapegoating, in* Rhetoric Society Quarterly, 2011, Vol.41, No.4, Taylor and Francis, Ltd. 2011, p.23

Ferrer, a Montgat. Francisco Ferrer non fu trovato in nessuno dei due luoghi. Ricordando ciò che era successo dopo l'affaire Morral, volle passare in incognito, e dimostrare la sua assenza dalla capitale. Archer riporta che durante la settimana tragica, Soledad Villafranca gli avesse intimato di scappare, perché i suoi nemici avrebbero utilizzato il contesto della sommossa per incolpare lui e la sua scuola. Alcuni amici credevano che fosse addirittura tornato in Francia: «the essential fact is that, for more than a fortnight, Ferrer's disappearance was so complete that he was generally believed to have escaped to France a belief in which the authorities fully shared.»[103] In realtà, Ferrer si trovava ancora nei pressi di Barcellona, e venne trovato in circostanze del tutto casuali e paradossali. Mentre si dirigeva al Mas Germinal, sulla strada per casa, incontrò casualmente il vecchio sindaco del suo paese natale, Alella.

Sul momento, incredibilmente, non venne riconosciuto, ma una volta fermato e interrogato, si scoprì l'identità di quel viandante: «tuvo la desgracia de topar en la carretera con el alcalde de otro pueblo, quien en compañía del jefe de los Serenos, Francisco Bernadas, patrullaban por allì. Lo detienen sin saber de quien se trata; le interrogan y Ferrer tiene la ingenuidad de decir que regresa de una cita amorosa. A su edad aquello no era probable. Y el alcalde y el sereno, por lo que pueda ser, se lo llevaron detenido. Cuando se comprueba su personalidad y se sabe que es nada màs ni nada menos que Francisco Ferrer, los reaccionarios cantan albricias»[104] Il fatto stesso di scappare

---

[103] Archer, The life and trial of Francisco Ferrer, cit., p. 149

[104] Bueso, Adolfo, Recuerdos de un cenetista, Editorial Ariel, 1976, p.48. La ricostruzione di Bueso può apparire, per certi

84

da Barcellona, viene considerata una prova inconfutabile di colpevolezza.

Adolfo Busio si interroga sul perchè non si riuscirono a incolpare altri elementi importanti del radicalismo e dell'anarchismo barcellonese: in effetti, gli altri quattro condannati, non erano personaggi conosciuti nel mondo antiautoritario barcellonese. La spiegazione fornita è interessante e ci racconta molto delle capacità e sull'esperienza di adattamento in contesti di protesta da parte dei vari esponenti antimonarchici:« los obreros porquè supieron ocultarse y los jefes lerrouxistas porquè todos habìan procurado, durante las huelgas, ser vistos fuera de la pelea».[105]

------

versi, abbastanza parziale, attingendo molte informazioni dal mondo dell'anedottistica. Egli stesso titola il suo libro come "recuerdos de un cienetista", ossia ricordi di un appartenente alla CNT, il già citato Confederaciòn Nacional del Trabajo. Il libro ha dunque carattere autobiografico, ed è caratterizzato da molti aneddoti che l'autore spesso introduce con la formula "se non ricordo male..."
Nonostante ciò, la casualità dell'incontro con il sindaco della sua città natale, viene riportata anche da Archer, mentre la risposta ingenua di Ferrer: "torno da un incontro amoroso", non si trova in altre fonti, e probabilmente è un espediente letterario, o una leggenda nata dalla riconosciuta passione di Ferrer per il gentil sesso.

[105] Ivi. Questo è un elemento da aggiungere nel contesto del processo, oltre a quelli analizzati precedentemente. Ferrer, infatti, venne visto da molti testimoni in situazioni di preparazione della sommossa e di attuazione della stessa, riconosciuto dai suoi indumenti peculiari rispetto alle grandi masse di manifestanti. Altri, tra radicali e anarchici,

È innegabile il fatto che Ferrer vedesse con simpatia i moti di Luglio, soprattutto per il loro significato repubblicano e anticlericale: «non lo si venga ad abbassare al semplice rango di educatore laico, è stato ardente propagandista delle dottrine anarchiche correnti fino alla fine del 1901. In questa propaganda, apportò uno straordinario eclettismo, motivato dalla grande difficoltà in cui lo poneva la sua inferiorità scientific»a[106]. Egli, nonostante avesse dedicato ormai da tempo le sue risorse e le sue energie al modello educazionista della Scuola, non smise mai di credere nei valori repubblicani. Nella sua visione teorica, comunque, il processo di liberazione non sarebbe avvenuto attraverso una ribellione politica, ma attraverso la formazione di coscienze libere sulla via del processo educativo. Solo allora gli uomini, emancipati e liberi, sarebbero stati ribelli. L'elemento politico in Ferrer, per quanto importante, è subordinato a quello educativo;

---

riuscirono invece a passare inosservati, o a mischiarsi tra la folla. Bueso crede poi che il profilo di Ferrer più si addica a una fase preparatoria-teorica della sommossa, piuttosto che a una reale-pratica: in questo non sbaglia, infatti, la visione di un famoso pedagogo cinquantenne a capo di una sanguinosa rivolta, sembra un po' romanzata. Si potrà obiettare a questa tesi che Ferrer fu, come giustamente dice Fabbri, un uomo d'azione e non un uomo di pensiero. Ma "l'uomo d'azione" è forse da intendersi altrimenti, nel contesto educativo, non in quello della rivolta: fu infatti molto abile ad applicare principi elaborati da pensatori più grandi di lui, in esperienze pratiche, e a creare una rete di importanti relazioni europee che incoraggiasse il suo esperimento.

[106] Fromentin, La Verità sull'Opera di Ferrer, cit., p.15

e il collettivo, per certi versi, è subordinato all'individuale. Questa premessa, per quanto necessaria, nulla toglie agli elementi fattuali che riassumiamo di seguito.

La Settimana Tragica, essendo una protesta nata da profondi sentimenti popolari, di natura familiare e socio-economica, ebbe certamente un'origine spontanea e acefala. Il suo salto di qualità (o la sua degenerazione) in ribellione, trova la sua spiegazione più plausibile nel fatto che la situazione sfuggì di mano al comitato che ne era a capo, fu lasciata a se stessa e al suo libero sprigionarsi. La potenza simbolica della Chiesa nella formazione della gerarchia societaria, unita ad una tradizionale inclinazione catalana all'anticlericalismo, fu la causa dei feroci e terribili attacchi che subirono gli edifici ecclesiastici e, in misura minore, gli appartenenti agli ordini del clero. Ferrer rimase implicato in questo difficile e intricato contesto, in cui si mescolano i più variegati elementi e le più variegate dottrine, in cui se è vero che non vi è cagione di preparare la rivoluzione perchè è gia preparata, la repressione rappresenta uno speculare dato ontologico.

Ferrer terrà una fitta corrispondenza dal carcere con molti amici all'estero e con qualcuno in Patria. Nei giorni del carcere, i giornali repubblicani e anarchici erano sotto regime di censura, e in pochissimi lo difesero. In una lettera aperta al direttore de "El Paìs", pubblicata il 7 Ottobre 1909, Ferrer si esprime così: «Empezarè dicendo que no es cierto hubiese tomado yo parte alguna, ni como director, ni como actor, en los sucesos de la ùltima semana de julio. Ningun cargo hay en los actons en contra mia. Y no es que el juzgado haya estado ocioso durante todo este tiempo en busca de pruebas de mi culpabilidad... (in continuazione elenca gli elementi di incongruenza processuali che abbiamo riportato precedentemente). Por fin ruego a todos los señores directores de los periòdicos, no tàn slo republicanos y liberales, sino a todos los que por encima de toda pasiòn polìtica o religiosa, alberguen en una recta conciencia de justicia, suplicando la reproducciòn de esta rectificaciòn y protesta para con ello desvanecer algo la mala atmòsfera que, sin razòn, se ha hecho en mi contra».[107]

Ferrer, seppur in condizioni di estrema difficoltà, non si rassegnò al suo destino, cercando di alimentare, attraverso il mezzo della stampa, una massiccia campagna popolare in suo favore. Quasi nessun giornale, però, rispose al suo appello. La mobilitazione che prenderà progressivamente corpo in tutta Europa non iniziò a Barcellona, ma a Parigi, la sua "seconda città". Nella capitale catalana, la mobilitazione ebbe un carattere popolare e collettivo solamente dopo l'epilogo finale, non durante il tempo della prigionia.

"!No ven lo animoso que estoy!" Disse Ferrer a Soledad Villafranca e alla madre, che riuscirono a visitarlo nella sua cella a poche ore dalla fine. Il pedagogista di Alella non perse mai una certa dignità morale, nemmeno di fronte alla morte. Il mito racconta di un guardia civil incaricato di portarlo al patibolo che rimase impressionato di fronte all'integrità dimostrata dal condannato. Il consiglio di guerra, riunito il 9 Ottobre, dichiarò: «che i fatti esaminati in questa causa costituiscono il delitto consumato di ribellione militare, contemplato nell'articolo 237 del codice di giustizia militare. Ritiene responsabile dello stesso,

---

[107] Lettera di Francisco Ferrer al direttore de "El Paìs", pubblicata il 7 Ottobre 1909, a circa un mese dalla sua carcerazione, e a un mese dalla morte.

come *capo* e come *attore* della ribellione, il processato Francisco Ferrer y Guardia (...) e in virtù di questo lo condanna alla pena di morte.»[108] Ferrer venne dunque giudicato colpevole dei reati contestatigli e, in virtù di questo, condannato alla pena capitale. Il 13 Ottobre 1909 venne fucilato nella fortezza di Montjuic. Sembra che la sua ultima richiesta riguardasse la postura finale: simbolicamente, volle morire in piedi. Immediatamente prima che il plotone di esecuzione compisse questo crimine di Stato, Francisco Ferrer urlò all'umanità intera il suo antico ideale, il suo presente manifesto: «bambini miei, guardate bene! Non è colpa vostra. Io sono innocente, *Viva la Scuola Moderna*»![109]

Sulla lapide, nel cimitero di Montjuic, vi è una semplice epigrafe: "Francisco Ferrer y Guardia. Fundador de la Escuela Moderna. Apóstol de la razòn y de la fraternidad, fue víctima de la intolerancia y del despotismo de su época."

---

[108] Ibidem, pp.43-45

[109] Codello, Francesco La buona educazione, Esperienze libertarie e teorie anarchiche in Europa da Godwin a Neill. Ed. Franco Angeli Storia; Milano, p..488

IL PENSIERO

"Certo non lo si può definire un pedagogo geniale ma la sua capacità di portare a sintesi molte delle precedenti esperienze attorno ad una nuova pedagogia ne fanno un precursore. Inoltre, la sovrapposizione tra la sua vicenda umana e la sua missione pedagogica universale testimoniano della durezza e dell'importanza dello scontro in atto anche ed in particolare sul terreno dell'emancipazione dall'oscurantismo religioso e ne fanno un simbolo fuori dal tempo"[110]

La pedagogia liberaria. Evoluzioni e pensiero

Nelle pagine che seguono, non si cercherà di ricostruire la lunga e difficile storia del pensiero razionalista libertario, ma di inquadrare l'esperienza di Ferrer in una dimensione storica di pensiero, e soprattutto sottolineare alcune teorie che ebbero grande influenza sul modello dell'Escuela Moderna. I due pensatori che più influenzarono Ferrer, furono probabilmente Jean-Jacque Rousseau e William Godwin. Ferrer, intelligente autodidatta, negli anni di Parigi aveva fatto proprie alcuni modelli teorici proposti da educatori con una sensibilità culturale differente rispetto alla sua. La morte di Ferrer, evidentemente, è strettamente relazionata al suo pensiero. Ferrer è il protagonista di una esperienza pratica, per certi

---

[110] Ferrer, Scuola Moderna, Introduzione, p. 16. Traduzione di W."Fonti sull'educazionismo libertario. Le lettere di Francisco Ferrer a Luigi Fabbri (1906-1909), in "Spagna Contemporanea", 2006, numero 29, pp.125-144 M.

versi sperimentale e certamente moderna, che ha però una lunga teorizzazione alle spalle, e che nei primi anni del Novecento aveva alcune analogie; anche se sarà proprio la Scuola Moderna, come vedremo, a fungere da modello in molte capitali d'Europa, e a segnare una tappa fondamentale nell'ambito pratico dell'educazione razionalista.

Come abbiamo accennato, il pensiero di Ferrer rientra nell'ambito della pedagogia radicale. Un tipo di pedagogia che cerca di riassume varie teorie libertarie ed esperienze pratiche, certamente discordanti ma spesso complementari, all'interno di un paradigma comune. Generalmente, si fa iniziare questo nuovo tipo di visione dell'educazione, con l'esperienza di William Godwin, ma l'influenza comune a tutti i pedagoghi radicali e libertari è l'"Emilio o dell'educazione" di Rousseau, il testo scritto dal filosofo francese la cui prima pubblicazione è datata 1762. Questo testo segna una cesura storica nell'ambito dell'educazionismo, perchè da qui si evince una diversa concezione dell'educazione e delle proprietà particolari, comuni a tutti e a ciascuno.

Ovviamente, Ferrer scrive in un contesto e in un tempo radicalmente differenti da Rousseau; le sue idee sono influenzate da innumerevoli altri pensatori del secolo XIX, e alcuni punti focali degli insegnamenti di Rousseau erano probabilmente superati. Ciò non toglie nulla all'impatto del filosofo francese nella costruzione di un nuovo modello teorico di pensare l'educazione. In questo testo ci sono i prodromi della pedagogia radicale e razionalista, con lui si avvia una scuola di pensiero che ci porterà fino a Barcellona e al Montjuic. L' "Emilio o l'Educazione" di Rousseau, si apre con una citazione del "De ira di Seneca":

«sanabilibus aegrotamus malis; ipsaque nos in rectum genitos natura, si emendari velimus, juva»t[111]. La profonda influenza dell'"Emilio" nella visione ferreriana e in tutta la tradizione dell'educazionismo anarchico, si concentra essenzialmente su un punto fondamentale: l'innatismo e la natura del bambino. Il modello educazionista di Rousseau segue una linea precisa, e ha una netta biforcazione con l'avvento dell'età adolescenziale: l'impianto pedagogico poggia sulla convinzione di carattere psicologico che l'individuo, fino all'adolescenza, *non sia in grado di affrontare razionalmente i problemi etici e sociali. Prima* dell'adolescenza, l'insegnamento di qualsiasi concezione etica e sociale, verrebbe accettato sulla base del principio di autorità, piuttosto che su quello della ragione.

Questo primo elemento e le sue possibili conseguenze sono centrali nella riflessione di Ferrer durante l'esilio parigino. La conseguenza dell'impossibilità di accettare criticamente qualsivoglia problema etico o sociale[112], prima del periodo adolescenziale, porta Rousseau a considerare la necessità dell'isolamento rispetto alla società. Il problema dell'isolamento in relazione alla collettività sarà un problema fondamentale per Ferrer, che vive a distanza di un secolo e mezzo dal filosofo francese, in una società che sperimenta trasformazioni radicali, a causa della seconda rivoluzione industriale. In un certo senso, si vedrà come le conseguenze logiche della sua concezione

---

[111] "Soffriamo di malattie guaribili, e la natura stessa, che gli ha generato per la rettitudine, ci aiuta, se vogliamo emendarci"

[112] Rousseau, L'Emilio, p.376"Prima dell'età della ragione, noi facciamo il bene e il male senza conoscerli; e non c'è moralità nelle nostre azioni"

dell'educazione potrebbero teoricamente portare a un isolazionismo, ma la necessaria coesistenza collettiva e comunitaria, collide profondamente con questa tendenza del pensiero di Ferrer, che rimane nella dimensione di un "rischio teorico".

Nella prefazione al libro di Francesco Codello, "La buona educazione", Giampietro Berti definisce l'anarchismo come: «quel movimento politico e sociale che più di qualsiasi altro è stato attraversato da due istanze diverse, al limite antitetiche. La prima è quella rivoluzionaria, la seconda è quella educazionista (...) la centralità del discorso educativo è sottolineata dalla necessità della formazione della coscienza, premessa ineludibile per la costruzione di una società retta per principio sulla capacità dei suoi membri all'esercizio dell'autogoverno; il quale, però, a sua volta, si dà solo all'interno di un processo di rottura con l'ordine esistente»[113] La teoria dell'educazionismo libertario può dunque dividersi in due grandi campi: «una che vede nella storia comunque una positività in quanto rappresenta il percorso e l'evoluzione della libertà umana, legge le conquiste come frutto delle lotte e delle esperienze degli uomini; l'altra che invece mette l'accento più sulla capacità del dominio, in ogni forma espressosi, di adattare le proprie forme a sempre più attente e raffinate tecniche per il proprio perpetuarsi»[114]

Dunque, «una che accentua l'aspetto individualista dell'educazione, l'altra che enfatizza la questione sociale e

---

[113] Codello, Francesco, La Buona educazione, cit,. Prefazione di Giampietro Berti, p.11

[114] Ivi, p.

94

collettiva "e coglie le più implicazioni della funzione del collettivo (positive) e quelle dell'autorità (negative) che si esprime ora attraverso lo Stato, ora attraverso la Chiesa»[115]. Uno dei temi fondamentali nell'educazionismo Ferreriano, è certamente il rapporto con lo Stato e l'innovazione della scolarizzazione, avvenuta durante il periodo industriale. «Lo Stato che introdurrà l'istruzione pubblica universale, dal momento in cui una nuova generazione di giovani ci sarà passata attraverso, non avrà più bisogno di alcuna forza armata speciale, perché troverà in questi giovani una forza armata speciale come non si è vista mai in nessun'altra epoca»[116]. La critica radicale alla scolarizzazione, che avrà in Ferrer un acceso sostenitore, fu teorizzata, in primo luogo, da William Godwin. « La sua opera rappresenta un passo importante per il passaggio ad una pedagogia del bambino in senso moderno, per le rivoluzionarie novità che apporta al pensiero pedagogico.»[117] . Godwin ha il merito di essere uno dei primi a concepire il sistema scolastico come struttura funzionale alla seconda rivoluzione industriale, nella quale venivano preparati futuri lavoratori in grado di soddisfare le nuove esigenze di produzione capitalistica.

Dunque, l'influenza del pensiero razionalista e positivista nelle idee di Ferrer è senza dubbio decisiva, come si evidenzia in questo passo: « Ferrer's educational

---

[115] Codello, La Buona Educazione, cit., p.12

[116] Fichte, Johann, "The Nature of The New Education in Addresses to The German Nation", Harper Torchbooks, New York, 1969, citato in "L'educazione libertaria", Spring, Joel, pag. 31

[117]

ideas clearly derive from the rational and scientific legacy of the eighteenth-century Enlightenment and its challenges to the traditional restricts, which took them beyond a merely negative critique of the existing society and an acritical adoption of naturalist pedagogy»[118].

Nelle pagine che seguono cercheremo di proporre alcune riflessioni rispetto all'attuazione pratica dell'Escuela, analizzando le conseguenze del modello teorico di Ferrer.

Ferrer e la desacralizzazione del paradigma cristiano? Alcune riflessioni

«I bambini devono imparare ad essere uomini e, quando lo saranno, allora si dichiarino ribelli»[119]. L'educazione del bambino e la necessità della ribellione come conseguenza del processo educativo, sarà il filo conduttore delle riflessioni che cercheremo di proporre in questo paragrafo. Attraverso l'implicito manifesto della Scuola Moderna, per cui: «con il procedimento sicuro dell'esperienza, la scienza rende gli uomini capaci di una dottrina esatta... si costituisce come unica guida alla vita dell'uomo».[120] Ferrer capovolge la locuzione "Historia magistra vitae" "Scienza esclusiva maestra di vita". Gli ideali del progresso non sono solo modelli di ispirazione del retaggio illuminista,

---

[118] Fidler, Geoffrey, C. ;"The Escuela Moderna Movement of Francisco Ferrer: Por la verdad y la Justicia", in: "History of Education Quarterly, Vol.25 no.1/2; pp. 111
[119] Ferrer, Scuola Moderna, p..42
[120] IBIDEM

ma sono la verità assoluta da seguire senza esitazione, una verità che si dimostrerà essere simil religiosa, di tipo quasi fideistico. Attraverso il progresso la società sarà libera, e l'insegnamento della scienza, nelle sue frammentazioni, a scuola, è la prima e fondamentale tappa per arrivare all'autodeterminazione, all'emancipazione e alla felicità dell'individuo. In linea teorica, il discorso espresso da Ferrer non è di difficile comprensione. La fiducia cieca del pedagogo di Alella nell' insegnamento razionalista è paradossalmente religiosa. La sostituzione del modello ecclesiastico potrebbe rientrare nella desacralizzazione dello schema cristiano.

L'oscurantismo religioso sarà adombrato dalla luce del progresso, e la vera battaglia non si combatterà per le strade della città, ma sui banchi di scuola: è la battaglia ideologica, ma è anche la battaglia per il monopolio dell'educazione, universale e parziale al tempo stesso. Infatti, il modello educazionista razionale propugna l'universalità dei diritti e l'innatismo. «Tutto il valore dell'educazione consiste nel rispetto della volontà fisica, intellettuale e morale del bambino... non vi è vera educazione se questa non è priva da ogni dogmatismo, se non si lascia al bambino la scelta della direzione dei propri sforzi non ci si propone di assecondarne la natura»[121]. Secondo l'impostazione ideologica fondata sull'innatismo di Ferrer, i bambini non andrebbero indirizzati verso un preciso obiettivo, ma andrebbero semplicemente accompagnati in un processo già inscritto in loro. L'educazione consiste nel lasciar il bambino libero di

---

[121] W.M., (Introduzione a) Ferrer, "La Scuola Moderna, cit., Boletín de la Escuela Moderna 2 serie, p.9.

seguire la propria interiorità, e non di imporre la propria. Non vi è profonda differenza in questo con il primo tentativo di sottrarre l'educazione ai dogmi della religione e dell'oscurantismo, ossia l'Emilio di Rousseau. È chiaro anche che il supposto innatismo dei bambini viene esasperato a un livello parossistico, per creare uno scontro frontale con l'oscurantismo della Chiesa cattolica, che in fondo considerava il bambino come fin da sempre lo si è considerato, ossia un uomo incompleto. Il Ferrer Si pone in antitesi alla Chiesa prima su un piano fondativo e concettuale, poi su quello contenutistico. Sulla considerazione che si deve avere dei bambini innanzitutto, poi su ciò che gli si insegna sui banchi di scuola.

Contrapporsi alla Chiesa sull'idea stessa di insegnamento e di riconoscimento della dignità infantile, potrebbe anche voler celare la volontà di oscurare il vero messaggio, la reale finalità dell'insegnamento, ossia la messa in discussione della struttura gerarchica della società. È forse interessante considerare quale ruolo avrebbe avuto la Chiesa nella società liberata dal suo predominio "totalizzante". La risposta logica è che gli uomini, educati a conoscere e seguire la propria volontà, non avrebbero avuto il bisogno di un'entità opprimente. La liberazione sarebbe avvenuta attraverso la libera manifestazione di una potenza individuale, e il compito dell'esperienza scolastica -la prima e principale verso l'autodeterminazione-, sarebbe stato il semplice accompagnamento, il non intervento, il "laisser faire".

Così traspare per lo meno dagli scritti di Ferrer, ma in verità il processo di liberazione si sarebbe fondato su un *dogma* non diverso da quello cristiano. "Una volta adulti, sarebbero diventati ribelli": vale la pena soffermarci

98

nuovamente su questo passo, che ritengo fondamentale. Il punto chiave è capire se l'esperienza scolastica moderna forgi lo spirito ribelle già insito nel bambino; ma, per ribellarsi, è necessario anzitutto conoscere contro cosa o chi ci si ribelli. In un certo senso, si può dire che il cattolicesimo, imprigionando gli uomini, li *disumanizzi*. Neghi cioè la loro essenza umana, iniziando dal monopolio dell'educazione, e continuando l'opera in età adulta. La doppia componente che ho ravvisato è di *negazione e depistaggio*.

Da una parte, infatti, non si riconoscono capacità umane negli infanti, dall'altra, si utilizza il non riconoscimento per attuare un falso insegnamento, un depistaggio. Seguendo la via di Dio, l'uomo disumanizzato perde la sua via. I comportamenti, le azioni e le nozioni imparate durante l'infanzia sarebbero la garanzia del mantenimento dello status quo. Un sistema permeato sull'esigenza di mantenere gli uomini nell'ignoranza, in modo da poterli controllare stabilmente. La descrizione fin qui fatta non è lontana dalla descrizione di un sistema totalitario, che ci permette di considerare la Chiesa, nel modello di Ferrer, molto di più della terza spada nel triumvirato, accanto all'aristocrazia borghese e ai grandi "terratenientes", e dove la scuola è considerata un "affare", cioè uno stratagemma finalizzato alla conservazione della struttura gerarchica. In questo ambito va definita la strategia della scolarizzazione popolare, e la sua critica da parte dei teorici libertari. L'istituzione ecclesiastica, come evidente dalla sua centralità negli eventi della settimana tragica, fornisce la giustificazione teorica della gerarchizzazione della società.

Ora, è possibile ammettere che Ferrer basi il proprio

modello di educazionismo - e dunque di società- su un dogma altrettanto vincolante e totalizzante? Entrambi i sistemi sostengono di mostrare una verità assoluta. Entrambi i sistemi promettono la liberazione dell'uomo: l'uno sul piano terreno, l'altro su quello trascendentale. Nel ritenere la scienza "unica dottrina della guida dell'uomo", Ferrer utilizza argomenti retorici non dissimili da quelli della Chiesa, ma ne inverte il significato. Se prima l'uomo era schiavo dell'ignoranza e del depistaggio, ora «ogni 'uomo è padrone"[122], perché segue fin dall'infanzia una via già inscritta in sé. Il processo (teorico) di liberazione non consiste dunque in uno scontro aperto, in una rivoluzione armata; ma nel semplice disvelamento dell'inganno attraverso il sostegno esterno a una volontà necessaria e predeterminata in ogni individuo.

L'argomento retorico su cui riflettere è che il semplice accompagnamento verso una libertà autodeterminata fondata sull'innatismo, elimini completamente il lato opprimente dell'educazione: «quando Ferrer inizia a organizzare la sua scuola, si mette alla ricerca di una letteratura pedagogica non dogmatica per la biblioteca scolastica, ma rimane così frustrato nella sua ricerca che la scuola apre senza un volume negli scaffali. Questa

---

[122] Spring, L'educazione libertaria, cit., p.47"Essere padroni di se stessi è un concetto molto importante nelle teorie pedagogiche radicali, perchè amplia l'idea di libertà(...). Ben poco significato ha la libertà politica se le azioni di un individuo sono guidate da un'autorità interiorizzata alla quale non si può sfuggire, prodotta da un'imposizione morale di origine religioso, dal tipo di istruzione o dal processo educativo della prima infanzia"

incapacità di trovare anche un solo testo non dogmatico ben illustra il pericolo che l'educazione libertaria si trasformi in un *vacuum* nel quale gli adulti temono di trasmettere qualunque conoscenza. Un estremo che non si è mai toccato nel diciannovesimo secolo grazie a una radicata fede nell'oggettività della scienza e della ragione umana.»[123] Analizzando le letture e gli insegnamenti poi realmente proposti a Calle Bailén, è però difficile ritenere che l'universalità del principio di autodeterminazione non sia comunque propugnata da una visione del mondo particolare e parziale. Ferrer scrive che «una scuola per poveri li avrebbe forzatamente incitati alla ribellione»[124].

Questo tipo di scuola "dal basso", avrebbe cioè non solamente indottrinato il bambino, ma generato sentimenti di rivalsa e rancori profondi, che avrebbero danneggiato gli infanti per due motivi. In primo luogo, li avrebbe mantenuti nell'ignoranza; in secondo luogo, una ribellione forzata e non motivata da un percorso individuale e collettivo di crescita, sarebbe stata funzionale al sistema opprimente, statale ed ecclesiastico. Le scuole per poveri fabbricano piccoli ribelli che incolpano (non senza ragioni) il sistema per la propria ignoranza e la propria posizione sociale, senza però pensare alla propria crescita, al proprio percorso, senza essere padroni di se stessi. Qui notiamo la radicale differenza nella proposta di Ferrer: non dai risentimenti, né dai rancori, dovrà sorgere la palingenesi dei bambini, ma dall'ascolto della propria essenza, dal sostegno e dalla fiducia verso il proprio innatismo. La

---

[123] Ivi, p.58

[124] Ferrer,La Scuola Moderna, cit.,sulla coeducazione delle classi

critica radicale alla scolarizzazione, all'istruzione statale ed ecclesiastica, si accompagna qui alla seconda critica radicale, quella verso le scuole classiste per poveri, il cui risultato sarebbe la fabbricazione di ignoranti manipolati, che seguono le proprie paure e le proprie passioni tristi, piuttosto che elevarsi attraverso la conoscenza di sé. I bambini diventeranno ribelli solamente quando avranno conosciuto e maturato la potenza che è in ognuno di loro, attraverso gli insegnamenti impartiti a scuola.

Questo è il modello della Scuola Moderna: una duplice critica radicale -al sistema e alle velleità di contrastarlo in maniera impulsiva-, a cui sostituire un neutralismo benevolo e dignitoso, che non imponga al bambino le proprie condizioni, ma che, ascoltandolo, le assecondi. Ciò non significa che il ruolo dell'insegnamento passi in secondo piano, tutt'altro. La non imposizione, il non intervento, il neutralismo dell'insegnante sono l'unico approccio che permetta ai bambini di non essere condizionati nel proprio percorso di crescita, l'unico modo in cui possano sviluppare la propria indipendenza e autodeterminazione. La condizione necessaria a questo modello educazionista è essenzialmente una visione ottimistica e naturale dell'uomo. Il punto di arrivo dovrà essere la creazione di un "homo novus", liberatosi dei dogmi e delle paure e dei pregiudizi, che aspiri a convivere pacificamente con gli altri. In questo risiede la felicità per Ferrer.

«I pedagoghi e i genitori devono essere, in certa misura, *passivi* nella loro opera educativa. Non si può governare il bambino imponendo un indirizzo arbitrario. Si deve farlo dinamicamente dall'interno verso l'esterno; nient'altro che aiutarlo affinchè le sue disposizioni naturali si sviluppino»[125]. Ferrer rivendica dunque il primato della vera educazione rispetto all'*istruzione*. Il movimento dinamico dall'esterno all'interno (l'istruzione), proprio della Chiesa, risulta dunque un modello aprioristico e pregiudiziale, che interferisce nelle disposizioni naturali proprie di ogni singola persona, smorzandone forza e contenuti, e poi depistandolo. È la differenza che intercorre tra l'interiorizzazione dell'autorità, la prima tappa per la creazione della docilità dei bambini, e l'emancipazione spontanea. Da questo punto di vista, l'interiorizzazione dell'autorità coincide con la creazione di una falsa coscienza nel bambino, è parte di quel depistaggio che orienta l'infante alla sottomissione.

L'educazionismo di Ferrer, nella concezione dell'autore stesso, è il *vero* educazionsimo, poiché aiuta a "condurre fuori" il bambino, senza interferire arbitrariamente nella sfera individuale. Essendo, illuministicamente, ogni individuo in possesso dei requisiti per la propria autodeterminazione, il non intervento è garanzia di indipendenza individuale e collettiva. D'altra parte, ogni interferenza autoritaria, ogni imposizione eterodiretta (persino in buona fede), può potenzialmente frenare questa potenza in nuce e condizionarne lo sviluppo. L'aspetto ludico viene qui considerato di primaria importanza: citando Taylos, Ferrer suggerisce: «si dovrebbe insegnare ai bambini a giocare con la stessa attenzione con la quale più tardi si insegnerà loro a lavorare. Non poche ragazze sono diventate eccellenti sarte tagliando e cucendo vestiti per le loro bambole»[126]. La

---

[125] Ibidem.
[126] Ivi.

funzione ludica, non considerata dall'istruzione pubblica, è di importanza eccezionale. Essa garantisce impegno, spirito cooperativo e profonda coesione nei bambini, e deriva da quella condizione ideale, che per il pedagogo è rappresentata dall' «irradiare la vita dappertutto, dal liberarsi dall'idea che la vita sia una croce e un noioso e pesante fardello»[127].

La dimensione ludica dell'insegnamento, oltre a stimolare la fantasia nei bambini, li proietta nell'età adulta e, secondo Ferrer, permette di stabilire e riconoscere il carattere del bambino, e dunque il suo avvenire. Un aspetto ludico che da una parte allontani dagli opprimenti dogmi della Chiesa, e dall'altra formi il bambino alla coesione sociale, alla trasposizione nella sfera infantile delle realtà del lavoro, e al riconoscimento del proprio carattere: «il gioco ha una funzione profonda, di vera e propria preparazione per la vita attraverso il coadiuvare lo sviluppo libero della vita con il piacere. Per Ferrer il gioco svolge anche un'azione dirompente verso la pedagogia e la filosofia cristiana basata sul dogma del peccato originale.»[128] Inoltre, specialmente nei giochi deve essere praticata la "legge della solidarietà", come palestra per le esperienze future del bambino.

L'occultamento del dogma

D'altra parte, per un esame più approfondito dell'opera di Calle Bailén, dobbiamo necessariamente considerare

---

[127] Ibidem
[128] Codello, La Buona Educazione,, cit., p.487.

altri fattori, e cercare di cambiare, capovolgendola, la prospettiva di analisi. Si tratta di uscire dal paradigma interpretativo della rivoluzione passiva e neutrale. È chiaro che l'impianto di Ferrer fornisca agli studenti una precisa gamma di strumenti teorici atti a modellare la loro visione del mondo. Non è possibile limitare la funzione della scuola moderna al più totale neutralismo: vi è un intervento, una traccia, vi è l'*indicazione* di un sentiero da percorrere. Ferrer, dal canto suo, cerca di oscurare questa indicazione, mascherandola con un sostegno incondizionato alle singole e individuali volontà. Il nuovo sistema si fonda su una *nobilitazione ontologica del* bambino, in una visione che gli dona profonda dignità, prima negata da un punto di vista prettamente antropologico.

La rottura col passato è dunque, per prima cosa, di natura qualitativa, e il neutralismo è forse una maschera funzionale allo scontro radicale con i principi e le forme di indottrinamento ecclesiastiche. Da questo punto di vista, anche le già citate conferenze domenicali e popolari servirebbero da contraltare al sistema ecclesiastico, per creare intorno a sé un nucleo di "fedeli" da istruire, e per arrivare al congiungimento tra padri e figli.[129] Pare scorgere negli obiettivi della Scuola Moderna la volontà di insinuarsi nei focolari domestici, seppur per via indiretta. Infatti, l'insegnamento ai padri analfabeti è certamente un

---

[129] La reazione dei giornali filo-clericali fu ovviamente più che indispettita. L'insegnamento nella scuola di Calle Bailén era definito finalizzato a farsi beffe della religione, e varie altre invettive che non citeremo. Il giornale che più si scagliò contro l'opera di Ferrer fu "El Brotin", un periodico molto vicino agli ambienti delle alte sfere ecclesiastiche catalane.

fattore di umanità e di dignità; ma rivela anche il punto di congiunzione tra l'aspirazione alla libertà individuale infantile e il valore funzionale del nucleo familiare. È una propaganda "umanitaria", fondata sulla lotta alle secolari (e intenzionali in questa prospettiva), lacune dell'istruzione pubblica alimentate dalla Chiesa, che vorrebbe sottrarre alla dimensione ecclesiastica il giorno per antonomasia: la Domenica, in cui le fatiche del lavoro vengono sostituite dalla convivialità familiare, all'interno della protezione chiesastica: «la pedagogia radicale si occupa delle nuove forme di socializzazione che favoriscano strutture caratteriali non autoritarie e rivoluzionarie, e di conseguenza comprende non solo le forme tradizionali dell'apprendimento scolastico, ma anche l'allevamento del bambino e *l'organizzazione della famiglia*»[130].

Sebbene in Ferrer, rispetto ad altri casi di pedagogia radicale, l'accento sull'organizzazione della famiglia sia meno accentuato, la cura dell'igiene e la partecipazione alle conferenze domenicali sono due elementi che convergono nella stessa direzione: il tentativo di insediarsi nei rapporti tra congiunti, e utilizzarli da sponda per rimodellare la società. L'approccio di Ferrer, che consiglia agli stessi genitori di evitare castighi e premi, e di non rispecchiarsi nelle proprie "miserabili vanità" a scapito della crescita dei bambini, presuppone un'alleanza pedagogica tra insegnanti e genitori, tra scuola e casa, sempre nell'ambito del rispetto dell'indipendenza degli scolari. I genitori, come i bambini, sono sottoposti a un processo educativo, ma in maniera evidentemente diversa. Non si tratta di un

---

[130] Spring, l'educazione libertaria, cit., p. 21

processo di emancipazione, ma di *correzione*, per una generazione che non ha avuto la possibilità di liberarsi dalla oppressione statal-ecclesiastica: Ferrer, in un certo modo, procede a un patto con le famiglie che lasci fuori la Chiesa: «non perdiamo tempo a chiedere a un Dio immaginario quello che unicamente il lavoro umano ci può dare»[131], il Ferrer socialista e anti-clericale viene qui rappresentato in tutta la sua pienezza. Il vero educazionsimo dovrà condurre all'indipendenza *da Dio,*e il fattore decisivo è che sarà lo stesso bambino a rifiutare tale dogma, a considerarlo estraneo alla propria crescita. Lo rifiuterà in quanto idea *non necessaria,* un'idea opprimente creata ad arte per rinnegare la vera essenza dell'uomo. Lo rifiuterà, come un catenaccio di un 'epoca perduta, un'epoca in cui gli uomini pregavano e adoravano una "funzione" di schiavitù.

Ferrer è assolutamente convinto di ciò, la sua fede nell'innatismo ne è la prova lampante. Le funzioni della Chiesa verso la coscienza individuale, che abbiamo descritto di *"negazione e depistaggio",* saranno eliminate totalmente dalla fiducia razionalista nel progresso e dalla visione naturalista: in una concezione deterministica del tempo, le secolari forze dell'oscurantismo saranno destinate a scomparire. In tal senso, la desacralizzazione del paradigma tripartito cristiano è evidente. L'uomo, che vive come "massa damnationis", ma le cui qualità innate gli permetterebbero di esprimere se stesso inequivocabilmente, riuscirà a liberarsi attraverso la fiducia cieca nel progresso e nell'avvenire. Tutto ciò è inscritto nella natura e la *destinazione* finale non può essere

---

[131] Ferrer, Scuola Moderna, cit, p .78

messa in discussione, perché l'orientamento della Storia è netto ed esplicito. L'atto di liberazione è una *rivoluzione passiva*, un semplice tornare alla retta via dopo secoli di inganni e sviamenti, che tuttavia non sono riusciti a corrodere e a corrompere la vera essenza dell'uomo, che risiede nella coscienza e la volontà individuale. Il processo di negazione e depistaggio, infatti, *non può intervenire nella natura dell'uomo*, ma può certamente modificarne i comportamenti e le azioni.

La Natura umana del bambino resta intatta, perché è disconosciuta: non viene considerata, dunque non può essere alterata. In tal senso, Ferrer intende procedere veramente verso la fondazione di un mondo nuovo, ed è qui evidente la profonda influenza di Rousseau, dell'Emilio e del Discorso sull'Origine della Diseguaglianza tra gli uomini "O uomo, ho qui la tua storia così, come ho pensato di leggerla, non nei libri dei tuoi simili, ma nella Natura, che non mente mai»[132]. Si scorge dunque un processo di palingenesi, una fondazione di un uomo nuovo, raggiunta dal semplice neutralismo sulla volontà del bambino. La critica mossa a questa teoria è il considerare questa palingenesi come "fondazione indipendente", e non come elemento di una specifica visione del mondo, che vede nell'alterità cattolica e nel sistema vigente tutto ciò che è contrario alla giusta via, utilizzandone però i modelli retorici tramite l'alterazione del significato degli stessi.

La Verità è forse di per sé inconoscibile, ma le forme in cui si manifesta devono assolutamente essere lasciate

---

[132] Rousseau, Jean-Jacques, Discorso sull'origine e i fondamenti della Disuguaglianza, 1755, incipit.

libere di esprimersi. Se, come abbiamo visto, il gioco è la trasposizione nell'ambito infantile dell'"idea di lavoro", il bambino è la trasposizione naturale dell'uomo. Da questo punto di vista, la "rivoluzione passiva", ha tra i banchi di scuola un momento decisivo ma solamente iniziale: un momento di riconoscimento individuale e reciproco che, attraverso il proprio dispiegamento nel corso del tempo, influenzerà l'intera società.

Dunque, il modello educazionista di Ferrer, comparte con il cristianesimo anche la visione teleologica del mondo. Il fine a cui tutti, necessariamente, tendono, consiste nella felicità garantita dalla scoperta di sé stessi e dalla conseguente emancipazione, attraverso il processo educativo. La Storia, univocamente e necessariamente, dovrà orientarsi verso questo tipo di futuro, perché ciò è inscritto in ogni singolo infante, e la ribellione sarà una conseguenza maturata dalla libera volontà-non indirizzata- dei bambini. L'Educazione è dunque il primo e decisivo passo, è la prima tappa verso la palingenesi e, nel nuovo riconoscimento della dignità individuale è, per certi versi, essa stessa la palingenesi. Gli uomini, marxianamente, si troveranno a vivere forme e circostanze stabilite, che ogni generazione deve affrontare; ma la generazione x, una volta ribellarsi al sistema, la cui garanzia del mantenimento era fondamentalmente utilitaristica, come dovrà comportarsi?

Ne deriva qui un problema di natura teorica, che si intende solo proporre, senza pretese risolutive. Infatti, se la libertà, l'autodeterminazione individuale, e la conseguente felicità inscritta nella volontà di tutti gli uomini è ottenuta in questo mondo e non nel prossimo, come sarà possibile il mantenimento della società? La garanzia del mantenimento della società, nella teologia cristiana, è proiettata in un futuro trascendente e non conoscibile, ma la desacralizzazione del paradigma limita necessariamente l'aspetto temporale, pur non estraniandosi dalla visione teleologica della Storia. Le generazioni che non hanno conosciuto l'alterità del sistema educazionista oppressivo cristiano, come potranno essere coscienti di vivere nella migliore società possibile? Perché gli uomini, quando saranno educati, si ribelleranno.

Ma, una volta che la ribellione sarà attuata dalla generazione che definiamo "generazione x", contro chi o cosa dovranno ribellarsi? Contro il sistema non potranno ribellarsi, perché ribellarsi contro di esso, sarebbe come ribellarsi contro se stessi: esso è modellato dall'unione sinergica e collettiva delle precise volontà inscritte in ciascun uomo. Forse, contro le piccole crepe del sistema per attuarne un perfezionamento ammaestrato? Ma come si devono considerare i bambini che, lasciati liberi di perseguire la propria volontà, incorrano in comportamenti incompatibili con il modello di società creato? Ad esempio, infanti che non riconoscano il principio di solidarietà nel gioco. Secondo le conseguenze logiche dello schema di Ferrer, dovrebbe essere forse il collettivo a riportare sulla "retta via" un bambino che si è dimenticato di seguire la propria volontà necessariamente buona?

Il limite di questo approccio, e la sua pericolosità- secondo la modesta opinione di chi scrive-, consiste nel considerare l'innatismo dei bambini e la volontà iscritta in ognuno come essenzialmente *positiva e destinata a prevalere, individualmente e collettivamente, come necessità storica.* Nelle opere di Ferrer, è l'oscurantismo religioso- o la rancorosa reazione a tale oscurantismo innescata dagli insegnamenti nelle scuole per poveri - a creare la condizione per la brutalizzazione del bambino, che è puro e innocente, ma disumanizzato. Dunque, il sistema di "istruzione" cattolico non interviene assolutamente sulla trasformazione della volontà infantile, ma sulla negazione di questa. La volontà dei bambini, essendone l'essenza, è fondamentalmente buona, ma negata, misconosciuta.

Una volta elevata attraverso l'accompagnamento neutrale e la neutralità dell'adulto, essa riuscirà a creare le condizioni perché la vera società si possa modellare. L'accento parossistico sull'innatismo dei bambini è evidentemente la matrice del sistema particolare e universale di Ferrer. Ferrer, alimentando una ribellione adulta basata su una rivoluzione passiva infantile, entra dunque in un sistema chiuso, dove l'alterità perderà totalmente il suo significato. Perdendo il significato, non vi è più un modello da combattere e nemmeno uno spazio temporale di promesse di felicità nell'arco temporale extra-umano. Non vi è consolazione né salvezza, ma solo il perseguimento della libertà attraverso il libero dispiegamento della volontà di ciascuno.

Un sistema destinato a chiudersi in se stesso, forse non dissimile a quel totalitarismo[133] che pare scorgersi nel

---

[133] Quando utilizzo il termine totalitarismo, sono a conoscenza di incorrere in un perfetto anacronismo. Con questo termine, però, intendo sottolineare le conseguenze rischiose dei modelli teorici proposti, e la loro possibile somiglianza, basata su una supposta idiosincrasia fondativa. Ciò va considerato soprattutto in relazione al fatto che le teorie libertarie proposte da Goodwin, Ferrer e Ilich, "siano stati tentativi di produrre esattamente *l'opposto* di quanto

sistema d'istruzione vigente ai tempi di Ferrer. D'altronde, Ferrer non nasconderà mai la propria radicalità di pensiero. La proposta della Escuela è radicale, perché il riformismo attraverso la sfera pubblica rafforzerebbe solamente il controllo statale, alimentando parimenti le disuguaglianze e i rancori tra le classi. «Trasformata in un punto focale per preservare le istituzioni esistenti, la scuola ha adottato un sistema e un metodo in grado di condizionare lo studente così da ridurlo all'obbedienza e alla docilità. Uno dei problemi fondamentali è infrangere il predominio statale sull'educazione, i movimenti riformatori che hanno lavorato all'interno del sistema non sono riusciti a realizzare alcunché nel cammino verso l'emancipazione umana»[134]. Il sistema scolastico, dunque, non potrà mai condurre a trasformazioni sociali, sarebbe un paradosso: esso è funzionale al sistema conservatore vigente, come già Godwin aveva dimostrato. Il riformismo non è altro che uno stratagemma statale per continuare ad accrescere la propria influenza e, di conseguenza, accentuare le differenze di classe.

Ma, nella visione radicale, i bambini non saranno più docili e ammaestrati, essi saranno padroni di loro stessi, grazie al libero perseguimento della propria volontà, guidata da una scienza, unica e infallibile maestra di vita, che non può riconoscere altre vie per l'emancipazione

---

andavano criticando." Spring, pag.26. Tutta l'esperienza della Scuola di Ferrer, infatti, può considerarsi una ribellione alle ingiustizie e ai castighi subiti nella scuola di Alella: il punto di riferimento preciso, a cui guardare, è il sistema opprimente basato sull'influenza ecclesiastica.

[134] Spring, Joel, L'educazione libertaria, cit., p.35

all'infuori di sé. La crescita individuale del bambino è correlata allo sviluppo inarrestabile del progresso, in un processo di alimentazione reciproca. La desacralizzazione del paradigma cristiano consiste nell'assoluta fede verso la destinazione individuale verso l'emancipazione collettiva terrena. La passività e la docilità che caratterizza la condizione infantile attraverso il processo di interiorizzazione dell'autorità è, secondo Ferrer, funzionale alla logica del capitalismo. Inoltre, la noia dell'apprendistato corrisponderebbe alla fase preparatoria per la monotonia del lavoro. Il sistema modella dunque le passioni e le capacità del bambino, per poterle sfruttare in seguito, nel mondo degli adulti. La "palestra" della scuola consiste nello sperimentare le condizioni, sebbene in forma diversa, che saranno proprie dell'età adulta: non si tratta dunque di un'educazione, ma di una preparazione alla fabbrica.

Si tratta, nella visione ferreriana, della fabbricazione di veri e propri automi, docili e mansueti, obbedienti e accondiscendenti che, negati di quella volontà (da intendersi come spirito vitale), saranno pronti a rispondere alle esigenze del sistema industriale, senza esitazioni. Ferrer, essendo parte di quella dimensione della teoria libertaria che accentua l'importanza del singolo e della coltivazione di una coscienza e volontà individuale, libera dall'oppressione, non pone l'accento in maniera esagerata sull'ambito sociale e collettivo. In alcuni punti, però, questo discorso viene necessariamente sviluppato. Si prenda ad esempio la concezione di Ferrer della matematica. Essa è utile, ma fino a un certo punto: nelle modalità di insegnamento peculiari, essa è semplicemente funzionale all'analisi dell'imprenditore capitalista. L'insegnamento della matematica dovrà dunque avvenire in una condizione diversa, con logiche diverse. Non si dà pari dignità a questa materia rispetto alle scienze naturali, rappresentanti didattiche del progresso, e alla storia sociale. La matematica deve servire alla formazione del bambino: non deve essere funzionale al sistema, una volta che il bambino l'abbia conosciuta e imparata. Tutto ciò che viene insegnato ai bambini (e viene fatto intenzionalmente, deliberatamente), si riconosce nell'unica finalità di autodeterminazione. Un bene individuale, di cui ognuno è dotato, e che deve necessariamente cogliere, sviluppare e far emergere nelle condizioni *esterne* che la scuola fornisce.

Ferrer pensa che il potere statale, e soprattutto il suo mantenimento, si basi quasi esclusivamente sulla scuola. Sottrarre questa al monopolio statal-clericale, significherebbe sottrargli prima le menti, e poi le braccia. Significherebbe la possibilità di fondazione di un uomo nuovo e, di conseguenza, di un nuovo sistema. Il processo che abbiamo definito di "rivoluziona passiva", è spiccatamente rivoluzionario. Esso, come si è visto, tende ad una palingenesi totale dell'uomo. Sebbene sia importante la "correzione" di elementi adulti già sviati, non è assolutamente possibile che i loro comportamenti, già corrotti, possano essere i protagonisti di una naturale ribellione. Essi avranno la funzione di accompagnarla: viene potenziato uno spirito ribelle già esistente, già formulato nelle condizioni solidaristiche di proletariato industriale, ma che, seguendo le conseguenze logiche del pensiero di Ferrer, non potrà essere il fondatore di quella palingenesi.

La "metanoia", la palingenesi collettiva, non è ontologicamente possibile negli uomini adulti, già corrotti.

Il principio di correzione appartiene all'età adulta: il candore dei veri protagonisti, gli infanti, intatto e vergine, si sprigionerà, senza correzioni, senza implicazioni giudiziali o di premio e castigo. Coloro che non sono stati sviati, saranno destinati ad una ribellione che cambi la struttura gerarchica della società. Questo modello è fondamentalmente evoluzionistico, si basa sulla "potenza della volontà": le premesse da cui deriva, secondo chi scrive, sono pericolose, perchè si corre il rischio di considerare la generazione non corrotta come, in un certo senso, la "generazione eletta". In questo modello, infatti, è la coscienza dell'individuo, in un contesto esterno di neutralità e laica benevolenza, che ha la potenza in sé per liberarsi.

L'importanza parossistica concentrata sull'innatismo di cui si è detto precedentemente, se da una parte può considerarsi come il tentativo di mascherare una reale interferenza degli adulti anche nel modello libertario, d'altra parte alimenta un possibile processo di assoluta e arbitraria manifestazione di volontà di ciascuno. Nel "Discorso" di Rousseau, ad esempio, l'uomo possiede un innato freno interno che gli permette di non uccidere i suoi simili nel contesto del primo stato di natura. Questo freno è una regolamentazione interna, insita nell'uomo, antecedente alla coscienza, e viene definito "pietas". Attraverso questo, l'uomo si differenzia dalla bestialità degli animali, esso gli dona profonda dignità e lo eleva. Nel sistema educazionista di Ferrer, il principio solidaristico è una perfetta conseguenza del principio di volontà individuale. Ciò è manifesto nel gioco: il gioco ha infatti una doppia funzione. Da una parte serve ad accrescere la solidarietà nei bambini, mascherando la competitività nell'aspetto ludico; dall'altra serve a creare le condizioni collettive affinché questa solidarietà si manifesti. I bambini, essenzialmente buoni, riusciranno a integrarsi tra loro perché le singole volontà, seppur collidendo, riusciranno a trovare una sintesi pacifica. Non vi è altra via rispetto a ciò che intende Ferrer, non si possono considerare elementi spuri: ogni tentativo che cerchi di modificare lo status quo passando da vie aliene a questa, sarebbe funzionale al funzionamento dello status quo stesso. In ciò risiede la radicalità dell'anarchico di Alella. In ciò, risiede la sua tendenza alla creazione di un sistema totalizzante, chiuso all'alterità.

Conviene ora sottolineare un fatto. In questa sede non si intende difendere un sistema di istruzione pubblico predominato dal cattolicesimo che lasciava, - intenzionalmente o meno- nella più totale ignoranza e analfabetismo più di due terzi della popolazione, senza rispettare i minimi canoni igienici in luoghi pubblici e affollati. Si ribadisce però il rischio e il limite concettuale di un sistema che poggi le proprie fondamenta sulla pretesa di ritenere la volontà individuale di ciascuno come buona e positiva,

Nelle riflessioni qui proposte, vi è un filo rosso che intercorre tra il sistema statal-clericale e il sistema proposto da Ferrer. Ci proponiamo di sottolineare alcuni elementi fondativi comuni nella polarizzazione dei due sistemi. «El Origen del Cristianesimo had been recommended to Ferrer in Paris by George Petit, the inspectory of primarian education, as the only existing suitable text for a rational school. The book traced the evolution of Cristianity from Vedic to the present transiction from the metaphysical into the Scientific Age. Highly positivistic and anti-clerical, the

116

text concluded with an homage to Science, the -liberator of humanity-».[135] Ferrer giudica marxianamente la storia come una storia di conflitti. È evidente la teoria di un un contrasto storico tra la dimensione autoritaria e la dimensione libertaria, tra l'alleanza Stato-Chiesa da una parte, e l'accento sull'anima individuale dall'altra. Tornando al principio, come si può intendere l'esperienza moderna nel più grande ambito della teoria e della prassi educazionista? Abbiamo visto che il dilemma posto da Pisacane, per cui "il popolo non sarà libero quando sarà educato, ma sarà educato quando sarà libero", ponga in relazione due aspetti cruciali: l'aspetto della coscienza individuale e l'aspetto della necessità della rottura con lo stato esistente delle cose.

L'aspetto dell'educazione e l'aspetto della lotta. Ferrer, restando nello schema marxista di lotta perpetua, inverte in un certo senso lo schema dell'eroe di Sapri. Infatti, gli uomini, saranno ribelli una volta educati. L'educazione non passa dalla ribellione, ma dall'ascolto e dallla coltivazione della propria coscienza. Gli uomini saranno prima liberi moralmente, e poi potranno (e dovranno) esserlo politicamente. Questo è un atto che abbiamo definito di "rivoluzione passiva", neutrale. La lotta alla gerarchizzazione della società sarà una conseguenza ineludibile del processo educativo libertario, perché i bambini, una volta educati, accoglieranno in maniera spontanea la via della ribellione. È assolutamente impossibile nella dimensione di Ferrer, che la rivoluzione sia antecedente all'educazione.

Ma, come abbiamo visto, la libertà potenziale di ciascun

---

[135] Boyd, The Anarchists and Education, cit., p. 154

uomo è la grande eredità di Rousseau e dell'Illuminismo,[136] percepita e fatta propria dal pedagogo di Alella. I bambini nascono liberi e con una coscienza che gli viene negata e poi depistata. Il binomio educazione-libertà in Ferrer è piuttosto complesso. Si tratta di una destrutturazione neutrale dell'edificio costruito dall'interiorizzazione dell'autorità attraverso gli insegnamenti ecclesiastici. L'interiorizzazione dell'autorità, ossia la formazione della coscienza dal punto di vista cristiano, è in antitesi ontologica con la libertà dell'individuo di Ferrer. L'accompagnamento del bambino, che possiede in nuce la libertà di emancipazione, porterà ineluttabilmente alla superfluità della funzione della Chiesa.

Nonostante Ferrer rientri nell'ambito dell'educazionismo che pone l'accento più sull'individuo che sulla dimensione collettiva, ciò non astrae la condizione degli infanti dalla logica dialettica di necessità rivoluzionaria. La destrutturazione dello Stato è molto sottile nell'esperienza di Barcellona. Si tratta di rimuovere e ridefinire il castello del monopolio delle coscienze, senza però interferire in tale processo. Il processo di liberazione e di emancipazione è infatti *individuale* ma comune e insito in ciascuno. L'interferenza in tale processo, anche solo con finalità "positive", sarebbe un'intrusione indebita in un percorso che deve rimanere indisturbato per potersi compiere pienamente. Ferrer toglie di mezzo l'autorità solo in linea teorica, e lascia al bambino il compito di realizzarsi.

---

[136] Precisiamo che In questa sede ci limita ai riferimenti moderni e contemporanei dell'educazionismo. Codello stesso cita tante esperienze nella Storia Antica, dalla filosofia stoica fino al Buddismo.

Nell'Escuela si pongono le condizioni esterne affinché si possa espletare tale processo. Vanno viste in questa ottica la ridefinizione degli ambienti igienici, l'eliminazione di strumenti di giudizio (castighi e premi), la coeducazione dei sessi e delle classi sociali. Gli uomini creano dunque le condizioni esterne affinché i bambini trovino un ambiente idoneo e vantaggioso al dispiegarsi della propria libertà. In queste pagine abbiamo riflettuto sulla possibilità di un ulteriore elemento da aggiungere, ossia la creazione delle condizioni interne. Queste, sono rappresentate attraverso il progresso, per cui: "la scienza è l'unica guida sicura dell'uomo". Il punto di partenza in questo caso è stabilire il grado di importanza degli insegnamenti e delle tematiche insegnate. Ferrer ridimensiona la figura dell'insegnante, per porsi in antitesi rispetto alla gravezza autoritaria dello Stato e soprattutto della Chiesa.

Il problema metodologico che poniamo, è se il vero soggetto attivo di questa liberazione siano i bambini o sia la visione del mondo che Ferrer pensa che i bambini debbano necessariamente adottare. Infatti, a me pare scorgere un *dover essere nella visione che Ferrer ha dell'educazione dei bambini e nelle sue conseguenze. Non imposto, ma necessario e ineludibile.* Un dover essere che si manifesta in una necessaria autoimposizione morale[137] che innesca l'autodeterminazione. Il dover essere imposto dall'autorità e interiorizzato già nei primi anni di vita, unito e potenziato dall'assimilazione del dominio da parte dei genitori, e dalle loro "miserabili vanità" è ciò contro cui lotta inequivocabilmente Ferrer. Abbiamo

---

[137] Sull'importante tema della autoimposizione etica, si vedrà l'analisi dell'amico Luigi Fabbri.

precedentemente proposto che il modello che egli pone in antitesi, però, abbia alcuni elementi comuni a questo, e ciò non dovrebbe stupire, data la radicale polarizzazione dei due schemi. Il dover essere di Ferrer è molto diverso da quello proposto dal modello dominante. È un dover essere che deriva da una concezione teleologica della storia, e per certi versi conseguente al processo di educazione. È il dover essere ribelli in conseguenza del processo emancipatorio individuale e indisturbato. È il dover essere che deriva da un codice naturalistico proprio di ciascun uomo, prima negato e poi falsamente depistato (o ricreato e depistato). L'imposizione implicita di Ferrer è la fiducia nell'innatismo e nel naturalismo. "E-duco", cioè conduco fuori me stesso, per poi dover liberarmi: si ribelleranno, una volta educati.

In un certo senso, in Ferrer si ridefinisce l'etimologia stessa della parola educazione. Non si conduce fuori da uno stato di minorità, ma si segue la propria coscienza verso l'emancipazione. Ciò che mi preme sottolineare è che si tratta, teoricamente, di un processo che, se lasciato a sé stesso e al proprio libero dispiegarsi, non avrebbe alcun rischio di fallimento. Come potrebbe infatti fallire? Significherebbe il fallimento della coesistenza delle varie coscienze emancipate ribellatesi. Da ciò ne deriverebbe l'annullamento dell'edificio basato sull'innatismo, e dunque l'inficiamento della fiducia fideistica nel naturalismo umano. Si è discusso sulla necessità di Ferrer di inglobare il nucleo familiare, come rappresentante del secondo ambiente nel processo educativo. L'Educazione impartita ai genitori, tramite le lezioni domenicali o l'educazione igienica , rappresentando l'anima popolare della scuola, vede dunque negli individui partecipanti alle lezioni sicuramente dei padri, ma ancor più dei lavoratori: "il target della scuola moderna è formato, in primo luogo, da maestri e scolari, cui si aggiungono -almeno nei propositi della redazione- tutti i lavoratori»[138]. Questo era il proposito utopistico e mai realizzato dell'Escuela Moderna. La dimensione intergenerazionale coeducativa pone alcuni problemi teorici seguendo la visione di Ferrer. Da una parte, il processo deve essere di strutturazione passiva, dall'altra di destrutturazione necessariamente attiva. Dal punto di vista teorico, infatti, gli uomini (padri di famiglia e lavoratori), sono già stati corrotti dagli insegnamenti ecclesiastici. Essi hanno già sperimentato ciò che Ferrer aveva sperimentato da bambino nel paese natale, e che aveva elevato a modello da ribaltare completamente. Questo è un altro elemento della critica radicale al pedagogo su cui insistere: la propria esperienza infantile ha un peso parossistico nella formulazione e nell'attuazione dei principi libertari.

I bambini, invece, sono intatti, la corruzione derivata dall'oppressione statale non ha ancora eroso la loro coscienza essenzialmente buona. Come coadiuvare i due tipi di insegnamenti? Come coadiuvare l'attivismo e il passivismo pedagogico? Se in tutti gli uomini, siano essi bambini o adulti, esiste una precisa e individuale volontà di autodeterminazione, da una parte essa è vergine, intatta, dall'altra è stata corrotta dal tempo. A questo difficile

---

[138] Giulianelli, Roberto, "fonti sull'educazionismo libertario". Le lettere di Francisco Ferrer a Luigi Fabbri (1906-1909), in "Spagna Contemporanea", 2006, numero 29, pp.125-144 (pag.) 132. Citazione de "La Redazione". Il Compito della nostra rivista, "La Scuola Moderna", 16-30 Novembre 1910

problema che, innanzitutto, appare di carattere metodologico più che organizzativo-pratico, cercherà di risposta pratica una comunità scolastica nato in Svizzera, qualche tempo dopo la morte di Ferrer. Il carattere utopistico e comunitario della scuola di Losanna, come vedremo, avrà alcuni meriti assolutamente innovativi. La compartecipazione nella vita scolastica di studenti, genitori e insegnanti, organizzati in una struttura autonoma, richiede una visione strutturale.

D'altro canto, la presenza di soggetti attivi nell'ambito decisionale e organizzativo, sarà infatti solo visibile a partire dalla svolta culturale degli anni Sessanta, con la nascita di nuovi attori sociali nell'ambito della stagione dei movimenti e della radicalizzazione politica dei nuovi giovani, in una dimensione idiosincratica rispetto alla generazione dei padri: «il dato di maggior novità sotto il profilo della partecipazione e delle pratiche democratiche in ambito educativo non risiedeva pertanto nell'attivismo studentesco quanto piuttosto nella codificazione giuridica di alcuni elementi di discontinuità introdotti dal '68 e che si ponevano in opposizione a tradizionali gerarchie e rapporti autoritari tra docenti e discenti».[139]

Ferrer, quando adatta i suoi principi teorici agli insegnamenti pratici della Scuola, non può prescindere dall'essere portatore di un'idea, di una teoria e di una visione del mondo: «Ferrer's vision of école èmancipatrice assumed an educational and pedagogical coherence in ints

---

[139] Papa, Catia, *Giovani anni Settanta: attori, modelli, movimenti*, in Balestracci Fiammetta, Papa, Catia (a cura di), *L'Italia degli anni Settanta, Narrazioni e interpretazioni a confronto*, Rubbettino Università, p. 134

instrumental or oppositional perspective, which shared much of the respect for the intellectual and rational authority that was characteristic of the socialist theoretical struggle of the late nineteenth and the early twentieth centuries. Coupled with its distinct political motivation, such a predisposition brought serial qualifications to the anti didacticism inherent in notions of "absolute neutrality", "spontaneity" or "freedom" in the education of children»[140] Dunque, l'aspetto oppositivo e antagonista di Ferrer è innegabile, e fornisce la coerenza teorica per la costruzione di un modello di alterità che, accentuando il carattere antiautoritario, si fonda in realtà sull'autorità della ragione, dell'intendimento del progresso come fede assoluta nel divenire.

I non insegnamenti della Escuela Moderna sono in realtà insegnamenti velati e rispondono a una precisa visione del mondo che, alla fine del secolo XIX, imperava in molti ambienti anticlericali. Si tratta di una impostazione metodologica ricercatamente blanda, morbida, che vuole nascondere se stessa e la propria visione del mondo agli occhi del bambino, e, dileguandosi, dargli le chiavi per propria libertà. In questo modello libertario dell'insegnamento, l'autorità è dunque occultata. Questo elemento di occultamento dell'autorità è, implicitamente, suggerito dallo stesso Ferrer. Nelle lezioni di orientamento agli insegnanti, l'orizzonte è quello di non intercedere in maniera enfatica nel libero processo di formazione. La necessità di ponderare il livello di interferenza nella libera sfera dell'infante è la spia di un intervento necessario.

---

[140] Fidler, The Escuela Moderna Movement of Francisco Ferrer, cit., ,p. 127

L'infante è orientato a una certa visione del mondo, seppur nella giustificazione ferreriana per cui l'adulto si adombra in questo processo formativo. Ma un bambino è ciò che gli si insegna a essere? Perché i bambini non sono lasciati a loro stessi? L'isolazionismo di Emilio è impraticabile nella società urbana che subisce l'influenza della seconda rivoluzione industriale.

Le premesse logiche qui analizzate, ci riportano però ineluttabilmente alla figura dell'Emilio. La crescita e la formazione del bambino dovrebbero essere, necessariamente, personale. La radicalità della teoria di Ferrer è tradita, nei fatti, dalla stessa funzione degli insegnanti, degli adulti. I bambini *sono ciò che gli si insegna a essere*: l'uscita dallo stato di minorità, nella società moderna o contemporanea, deve avvenire attraverso un impulso esterno. L'edificio costruito da Ferrer elimina teoricamente l'elemento esogeno, che viene rinnegato e teoricamente non sostituito, per poter concorrere con la Chiesa nel monopolio delle coscienze. Questo espediente è l'occultamento del dogma.

I bambini sono ciò che gli si insegna essere: sono pedine, seppur nobilitate, all'interno di un preciso modello, di una visione del mondo che, negli anni in cui visse Ferrer, giudicava il progresso come l'entità laica a cui riferirsi e a cui appellarsi per le proprie speranze di cambiamento. Il giudizio storico sull'opera di Ferrer-non l'individuo-, deve tener conto di questo limite endemico, perchè il depistaggio delle coscienze attuato dalla Chiesa viene riproposto, seppur in maniera differente, seppur nel tentativo di laicizzare il messianismo profetico.

Ferrer fu un autodidatta laico, un uomo d'azione con una visione del mondo, che si cimentà nel tentativo di una

124

palingenesi generazionale, trascendendo le sue conoscenze teoriche. L'Escuela Moderna non fu, come è stato scritto erroneamente, una fabbrica di rivoluzionari o anarchici, ma fu una fabbrica di figli del progresso. In una prospettiva radicalmente anarchica, non dovrebbero esserci né insegnamenti, né insegnanti. Il principio di solidarietà, derivato dalla naturale positività della coscienza individuale, sarebbe il meccanismo attraverso cui individui, nelle stesse condizioni, riescono ad ottenere un vantaggio collettivo che non vada a discapito di nessuno.

È un equilibrio regolatore, una funzione collettiva della pietas individuale del Discorso di Rousseau. Ma il raggruppamento di bambini in un luogo pubblico, per impartire lezioni finalizzate alla loro educazione, implica che il soggetto vero e reale di questo processo sia chi gli insegnamenti gli impartisca, non chi li apprenda. L'insegnamento, seppur edulcorato da un'aura di benevolenza e laicità, seppur ripulito da quella opprimente stagnazione della Chiesa, ha comunque una connotazione di attività e passività. La sola presenza degli insegnanti pone il bambino in uno stato di inferiorità, e soprattutto di necessità esterna per la propria educazione. Non può esistere, nella collettività, l'utopia dell'uscita da uno stato di minorità attraverso un processo che non insegni e promuova le modalità attraverso cui questa si espliciti. La coscienza del singolo, la sua tendenza naturale e universale all'emancipazione, rappresenta il giudizio particolare di ciò che i bambini dovranno essere. In altre parole, non può esistere la neutralità dell'insegnamento che Ferrer auspica.

Il mascheramento della neutralità auspicata, avviene attraverso una ridefinizione del corpo insegnante. Non più invasivo, non più opprimente, ma vicino ai bambini, in quanto conoscitore esterno delle loro libere volontà. La conoscenza della loro volontà deriva dal fatto che esse sono riattivate e nobilitate, attraverso il processo di decostruzione della negazione della coscienza da parte ecclesiastica. In un tempo futuro, queste volontà riusciranno a creare una comunità ideale fondata sul principio di solidarietà, perché "i bambini, una volta educati, diventeranno ribelli".

In ultima analisi, conviene sottolineare che la legittima intenzione dell'Escuela Moderna di sottrarre alla sfera statal-clericale il monopolio dell'educazione, rischia di sfociare in un nuovo tipo di monopolio di formazione delle coscienze, perchè la radicalità oppositoria della visione di Ferrer, hegelianamente, aveva molti punti di contatto con l'Istituzione da abbattere.

Il rischio di un monopolio fondato sulla cieca fiducia verso il progresso, ebbe una sua concretizzazione storica, ma distante e paradossale rispetto alla visione e alle speranze di Francisco Ferrer e della Scuola Moderna.

Il progresso e il suo utilizzo: un possibile paradosso storico

"Pero de lo que no hay duda es del mesianismo revolucionario que inspiró toda la actividad pública de Ferrer. Las ideologías concretas, a las que en un momento u otro se adhirió, tuvieron para él menos importancia que el supremo ideal de la revolución, lo cual le permitió servir de puente entre republicanos y anarquistas»[141] .

Abbiamo cercato di analizzare il pensiero di Ferrer, e di proporre alcune riflessioni sui suoi meriti e suoi suoi limiti. Si è ripetuto ampiamente come il punto di partenza della filosofia della scuola moderna sia la fiducia nell' "autorità della scienza", e soprattutto la sua elevazione a unica guida, attraverso un processo di divinizzazione laica, da seguire con cieca fede. L'impianto di Ferrer presuppone l'alterità oscurantista della struttura statal-clericale, che nega il valore del progresso e dei valori laici, in nome del mantenimento dello status quo. Il progresso, nell'ottica di Ferrer, è dunque certamente una *guida*, ma anche uno *strumento*, nelle mani degli oppositori all'oppressione della Chiesa, per scardinare il modello societario vigente. Vi è dunque una netta divisione del mondo nello schema di Ferrer, una visione manichea della società, che segue esattamente l'andamento e l'evoluzione della storia della pedagogia libertaria in Spagna. L'entità che si pone da contraltare rispetto allo storico conservatorismo reazionario del potere spagnolo è la realtà ineluttabile e necessaria dell'emancipazione collettiva attraverso la religione del progresso. Ferrer vive in un'epoca in cui la fiducia verso il progresso è assoluta, in cui soprattutto la pretesa rispecchia una condizione millenaristica[142].

---

[141] Avilès, Republicanismo, librepensamiento y anarquismo, cit., p.269

[142]　　　La definizione del millenarismo fornita dal Dizionario Treccani è: "la credenza nell'arrivo di una radicale trasformazione della società e del mondo presente, grazie alla quale ogni cosa sarà trasformata. Con significato più generico, è la credenza nel rinnovamento dell'ordine sociale attesa

L'emancipazione totale degli individui avverrà attraverso lo sprigionamento della potenza della scienza, il "sol dell'avvenire" è la concezione di un futuro prissimo che è alla portata degli uomini, poiché la scienza e la sua manifestazione storica nella rivoluzione industriale li avrebbe dotati degli strumenti atti alla liberazione.

Ora, il problema che si cercherà di porre, sorge da un potenziale diverso utilizzo del progresso, della sua funzione e del soggetto che lo domina. Questo problema, centrale nella visione libertaria educazionista (e non solo), si esplicita in un interessante paradosso storico da analizzare. Il tema trattato meriterebbe una ricerca intera, ma qui, per quanto possibile, si cercherà di darne un'interpretazione in virtù dell'impostazione di pensiero del pedagogo di Alella.

«Una nuova tappa del secolo XIX: l'istruzione del popolo diventa una necessità economica. Il capitalismo trionfante istituì, allora, la scuola pubblica che fu anch'essa, per un certo periodo, adatta ai fini particolari per cui era nata. Non si trattava di elevare il popolo, bensì di prepararlo ad adempiere, con una più razionale efficienza, le nuove esigenze che l'introduzione delle macchine richiedeva (...).

Il popolo stesso era apparentemente soddisfatto, nel periodo 1890-1914, e anche un po' fiero di una scuola che faceva dei propri figli dei "sapienti". I filosofi esaltavano le virtù della ragione e della scienza, divinità del momento»[143]. Il pedagogista popolare Freinet ci parla del periodo del positivismo imperante, dell'"incantesimo rotto" dallo scoppio della guerra, in cui lo Stato fa proprio

---

dall'intervento di un *profeta riformatore"*
[143] Freinet, La scuola del popolo, cit., p. 24

il modello positivista, per la trasformazione di giovani studenti in futuri operai specializzati. Lo slittamento deriverebbe ad una necessità economica. In questa visione del processo educativo e del suo monopolio durante la seconda rivoluzione industriale, lo Stato utilizzerebbe il razionalismo positivistico come potenziale strumento per l'affermazione della grandezza della Patria. Si tratterebbe dunque, un utilizzo del potere del progresso e la sua esaltazione per ideali antitetici a quelli promossi e promulgati nella scuola di Ferrer; torna qui in Freinet quella peculiare forma di "miserabile vanità", dei genitori, orgogliosi del livello educativo raggiunto dai figli. Nella visione di Freinet, si assiste a un cambiamento di paradigma totale rispetto alle speranze libertarie. Lo Stato incentiva e si appropria del modello positivista, in funzione della grandezza della Patria (che, ex post facto, porterà alle nefaste conseguenze del 1914). Se Ferrer voleva sottrarre il monopolio dell'educazione alla forma statal-clericale seguendo la luce della scienza, ora è lo *Stato che si appropria dell paradigma positivista e lo usa a suo vantaggio*, sempre nello schema di un'istruzione modellata sulla *funzionalità* dei futuri lavoratori.

Il problema dell'esaltazione del progresso e della sua elevazione ad autorità e guida, consiste nel fatto che il progresso è un'entità" che può essere utilizzata, per raggiungere i propri scopi, da varie potenze. Il punto chiave è dunque la doppia funzione del progresso agli occhi di Ferrer (strumento e scopo), e l'utilizzo di una funzione per l'attuazione della propria strategia da parte del potere. Il paradosso storico consiste in questo: lo *Stato si appropriò del progresso come strumento per perseguire i propri scopi.*

La radicalità di pensiero di Ferrer, il tentativo di sottrazione del monopolio scolastico, divenne in realtà un'arma potentissima nelle mani della struttura gerarchica che egli desiderava abbattere, o perlomeno modificare strutturalmente. Abbiamo ravvisato una somiglianza nel comportamento "orgoglioso, vanitoso" dei genitori rispetto all'educazione dei figli. In questo caso, però, l'esaltazione delle qualità del figlio studente, assume una forma diversa. I genitori manifestano nuovamente una miserabile vanità, perché il bambino è ora formalmente edulcorato, non oppresso. Il timore reverenziale verso l'entità statal-ecclesiastica, garantito dall'interiorizzazione dell'autorità, assume una forma diversa e peculiare.

Il bambino non cessa di essere una funzione, ma una funzione elevata, a cui gli si reca più dignità. Abbiamo visto come Ferrer, sull'onda di Godwin, fosse radicalmente contrario alla scolarizzazione collettiva degli infanti, che negava la volontà naturale del bambino e la depistava, utilizzandola per i propri fini. La critica radicale era però incentrata sull'elemento di interiorizzazione dell'autorità, sugli insegnamenti religiosi e oscurantisti, sulla moderna Inquisizione che impediva i precetti progressisti e manteneva il bambino-e il futuro uomo- in una eterna e funzionale ignoranza, mente l'alternativa radicale consisteva nell'emancipazione attraverso l'unica sicura guida della vita, la scienza. Quella stessa scienza, ora utilizzata strumentalmente dallo stato borghese per i propri fini.

Il progresso, la miracolosa panacea dei mali secolari, si trasformava ora in metodo di oppressione delle classi popolari. Si tratta di un complicato paradosso storico, di cui qui non si propone una risoluzione, ma una semplice analisi interpretativa. Dal mio punto di vista, il problema centrale è la visione manichea del mondo di Ferrer. Secondo Ferrer, il sistema, formato dalla sua alleanza Stato-Chiesa, fondava il suo mantenimento sulla negazione della natura del bambino. Il processo di negazione e depistaggio che abbiamo analizzato ne è la prova. Il riconoscimento della coscienza individuale naturalmente umana, sarebbe il primo passo verso l'emancipazione. Le questioni che ci sentiamo di porre sono le seguenti: il progresso può essere utilizzato anche nell'ambito della negazione della coscienza individuale propria dell'istituzione statale? La strumentalità del progresso può essere utilizzata senza la concezione dell'innatismo individuale e collettivo? Il progresso può tramutarsi in elemento centrale di quell' "affare del potere" che è il depistaggio educazionista ecclesiastico?

Il problema di fondo deriva da una impossibile soluzione concettuale che abbia i favori della dottrina libertaria nella sua interezza. Gli stessi educatori e teorici libertari, sebbene concordi nella struttura di potere da abbattere, propongono di seguire varie e diverse vie per raggiungere l'emancipazione. Ad esempio, per Ferrer la soluzione sarebbe la "via del Progresso", fondata, come abbiamo visto, sulla religione del naturalismo e sugli echi della rivoluzione francese. D'altra parte, un'altra anima della teoria libertaria vede nella comunione di intenti tra vari agenti e in una "libera concorrenza tra più agenzie" la possibilità di emancipazione totale, sottraendosi così al paradigma del monopolio.

Ferrer, nella sua visione manichea delle cose e del mondo, avrebbe voluto scardinare il monopolio attraverso la costruzione di un altro monopolio educazionista. Ci siamo già espressi sulla finalità di questo cambio radicale, e sulla possibile creazione dell'"homo novus". Secondo chi scrive, l'inganno del progresso e il suo diverso utilizzo, è la prova della visione manichea di Ferrer. Nella concezione di un mondo diviso tra il bene e il male, l'oppressione ecclesiastica non avrebbe mai potuto utilizzare "il Progresso" per garantire e dare un volto nuovo all'oppressione, perché esso era, per natura, buono e salvifico, esattamente come la natura dei bambini, che avrebbero dovuto seguirne il cammino indicato. La chiave concettuale per l'emancipazione era prerogativa esclusiva di chi intendeva attuare tale liberazione collettiva. *Ferrer, nel concentrarsi sull'oppressione ecclesiastica, non teneva conto che il processo di divinizzazione di un'entità secolare, non è assolutamente esclusivo, e che l'utilizzo della scienza non è orientato necessariamente verso un obiettivo formulato in maniera predeterminata. È la pretesa millenaristica che trasuda dalle pagine e nelle intenzioni di Ferrer, a non consentirgli di vedere l'inganno ontologico del progresso.*

Ferrer confonde qui la parte con il tutto. La fiducia cieca nell'esclusivo utilizzo del progresso, l'impossibilità di utilizzo della scienza da parte di un'istituzione che negava aprioristicamente l'innatismo degli infanti, portava il pedagogo a non contemplare il processo di trasferimento della potenzialità della scienza in un soggetto diverso. D'altronde, come avrebbe potuto la Chiesa utilizzare e modellare a suo piacimento il progresso, se questo era la chiave di volta per la distruzione del suo edificio secolare di oppressione? Il problema è dunque l'ottusa radicalità della visione manichea, da cui deriva una netta sottovalutazione delle tecniche di controllo statal-clericali, nella deificazione del progresso e della scienza. Secondo

Freinet, fu dunque la necessità economica, intesa come formazione di operai specializzati, a continuare, sotto mentite spoglie, l'opera di oppressione infantile. La più "razionale efficienza" delle competenze acquisite da parte dei lavoratori, sarebbe l'edulcorazione del depistaggio della coscienza individuale, che avrebbe provocato la solita miserabile vanità dei genitori, per dirla con Ferrer. Un depistaggio dunque più articolato, che si muove però nelle stesse coordinate della repressione conservatrice. Il problema pare essere la divinizzazione in quanto tale. Ferrer, nella desacralizzazione del paradigma cristiano, rimaneva all'interno di un millenarismo, ma non più trascendentale.

L'alterità di sempre dominava secolarmente le coscienze e le braccia attraverso l'autorità religiosa. Ferrer cercò di creare un'altra alterità religiosa, per scardinare il sistema di oppressione. L'inganno del progresso consiste proprio nella sua divinizzazione. Dal punto di vista dello Stato, l'utilizzo pratico della divinizzazione ideologica compiuta da un'alterità, era un'opportunità imperdibile. Non vi è una differenza strutturale nell' oggetto da controllare, né nel metodo di controllo, cambia solamente la costruzione di un'entità che sarà servita. Dunque, lo Stato utilizzò la deificazione del progresso promulgata da molti anarchici libertari per la sua distruzione, al fine di cambiare la propria tecnica di dominio, ma sempre all'interno di un sistema totalizzante da cui nemmeno Ferrer potè uscire. Non più la liberazione collettiva, non più l'emancipazione dell'individuo, ma Il nazionalismo imperante e l'idea della Patria sarebbero state le finalità dell'utilizzo strumentale e coercitivo delle innovazioni scientifiche, nella reale manifestazione storica.

Il progresso in fabbrica e le sue reazioni: dall'aristocrazia operaia ai "laudatores temporis acti"

In questo amore per il progresso, in questa cieca fiducia che investe vari strati della popolazione, e che rischia di essere un'arma mortale nelle mani dello Stato (come effettivamente fu), vi fu chi, spinto da motivazioni locali e culturali profonde, si ribellò. Ogni fenomeno nuovo, che crei con il suo avvento una spaccatura o una idiosincrasia storica, porta con sé reazioni discordanti. Da una parte, c'è una categoria estasiata dalle novità, pronta ad incamminarsi sulle nuove vie inaugurate dal processo rinnovatore, che sa spesso impadronirsi delle nuove tecniche, e da cui spesso trae vantaggio; c'è poi una grande massa che subisce passivamente le modificazioni strutturali che ogni rivoluzione porta con sé; e, infine, una parte minoritaria che, per indole o per rassegnazione rispetto alla nuova realtà delle cose, si rifugia in un passato- il più delle volte idealizzato- in cui custodire gelosamente le proprie tradizioni. Focalizzeremo la nostra analisi sul terzo tipo di reazione, quella della "reazione conservatrice".

Si possono riconoscere queste reazioni ad ogni latitudine, in ogni tempo. Si prenda, ad esempio, il contesto della Roma antica. Il poeta latino Orazio, vissuto nella seconda parte del primo secolo a.c., definì questa tipologia di uomo "laudator temporis acti-se puero", lodatore del tempo passato-quando era fanciullo. Questa specie di uomini è presente in tutte le epoche storiche, è l'antropomorfizzazione della reazione conservatrice e tradizionalista a un cambiamento radicale. Questi uomini tendono a chiudersi in sé stessi, a rifiutare la novità in quanto tale, a idealizzare un passato non tanto glorioso, a vivere, romanticamente, nella tradizione e nei ricordi. Ora, il poeta latino, nella sua "Ars Poetica", appellava questo tipo di uomo con gli aggettivi "difficilis, querulu", certamente non nobitandolo. La loro condizione è una condizione *universale,* perché si presenta costantemente, in ogni società: è la conseguenza del presente, della potenza ineluttabile del "nuovo che avanza". Non interessa a chi scrive dare valori di giudizio a questa condizione "conservatrice".

L'esperienza che deriva da una condizione di rifiuto netto di un nuovo elemento della società, può apparire stolta e antistorica, e al tempo stesso romantica e confortante. Ciò che ci interessa è analizzare le forme che assunse questo diniego al presente, e le conseguenze che ne derivarono. Nel primo capitolo si è accennato a un modello educazionista spagnolo in antitesi, per certi versi e in certe forme, a quello inglese. Nel primo, infatti, il ruolo della Chiesa funge da perno, da polo di attrazione. Da una parte rappresenta la giustificazione teorica dello status quo e anche la pratica di dominio; dall'altra, è l'istituzione da combattere per poter creare un nuovo modello di società, che determini l'autodeterminazione dei bambini in quanto individui. Veniamo dunque al disagio per il progresso. Questo fenomeno è tipico soprattutto di una certa parte d'Inghilterra. Il Paese che aveva inaugurato la prima rivoluzione industriale, si trovava in condizioni di difficoltà sistemiche all'alba della seconda. Il ritardo strutturale derivava da una impreparazione verso i nuovi strumenti del progresso, in un Paese che si era modificato repentinamente cento anni prima, e il cui edificio societario era modellato sui processi di una rivoluzione che aveva già fatto il suo corso.

Una delle problematiche che si riveleranno strutturali e che porteranno al declino il sistema britannico, riguarda il fatto di essere partita per prima, di avere immesso tutte le energie nei settori della meccanica, del tessile, propri della prima rivoluzione industriale. Quando emerse un nuovo paradigma tecnologico, quello della seconda rivoluzione industriale, l'Inghilterra non riuscì a convertire la propria struttura organizzativa, non riuscì a cogliere le innovazioni perché aveva investito tutto nei settori tradizionali. Il declino diventerà evidente dopo la prima guerra mondiale. La storiografia si è soffermata sugli aspetti culturali per capire il declino inglese: la cultura industriale. A differenza degli USA, dove il contesto socio-culturale si era affermato favorevole alla rapida affermazione della grande impresa, in Inghilterra una vera cultura industriale ebbe difficoltà ad imporsi sui pregiudizi e le consuetudini.

Dalla prima rivoluzione industriale alla metà dell'800, la cultura industriale prevalse: sono gli anni del trionfo inglese, della prima grande esposizione industriale. Nella seconda metà dell'Ottocento, però prevale il *disagio del progresso*, una espressione che si manifestò a attraverso la diffidenza verso i gusti sociali prodotti dalla industrializzazione, la nostalgia per i tempi passati, per una bucolica vita di campagna che si ritrova nella letteratura, nell'architettura con il ritorno del gotico (quindi del medioevo) e con le città-giardino nei sobborghi delle città, in netta contraddizione con i quartieri sviluppatisi in maniera convulsa negli anni della prima rivoluzione. Inoltre, una scarsa sensibilità nei confronti della cultura scientifica, che si evidenzia nel ritardo con cui vengono aperti nelle università i corsi per la formazione tecnico-scientifica superiore, a causa della preferenza verso le discipline umanistiche: una struttura scolastica lenta a recepire gli indirizzi di studio più consoni ai più recenti processi di industrializzazione. Dal punto di vista dell'educazione, l'Inghilterra dell'Ottocento era un "un paese spettacolarmente ignorante" secondo Hobsbawm.

La ripresa di questo passato glorioso non era del tutto razionale. Fu una reazione per certi versi estetica e aristocratica, che mostrava i prodromi del rifiuto al conformismo della società contemporanea. Fu forse la volontà di rifiuto dell'avanzata borghese, dei suoi gusti e dei suoi tentativi di imitazione del mondo aristocratico. Il diniego al presente si basava sulla tradizione del mondo pre Rivoluzione francese. Un mondo ormai scomparso e distrutto, i cui frammenti si scagliavano, in modo confuso e sparpagliato contro il nuovo. Il tuffo nel passato era, intenzionalmente o meno, la difesa del passato stesso, attraverso la sua idealizzazione. La difesa di un modello di società che non aveva più ragioni di esistere, a queste latitudini del del mondo., "come quelle vecchie signore che, avendo avuto un meritato successo in gioventù, non vogliono cambiare né il genere di vita né la moda che le aveva portate al successo, e maledicono i cambiamenti che avvengono intorno a loro, in un mondo ormai condannato»[144]

---

[144] Freinet, La scuola del popolo, cit., p. 25. Si noti che il famoso pedagogista popolare si riferisce in questo caso alla passività della scuola a lui contemporanea (il contesto storico è metà anni '70 del '900), che "è oggi ferma a una concezione

Nel paragrafo precedente, abbiamo notato come la necessità economica abbia spinto gli Stati Nazionali di fine secolo, a creare una nuova tipologia di lavoratori, di operai specializzati. Si vogliono qui analizzare le reazioni a tale processo.

La rivoluzione industriale ebbe importanti conseguenze anche nelle culture dei mestieri e nel processo di trasposizione della cultura artigianale nella nuova realtà di fabbrica. La tradizione pre-industriale continentale, aveva forgiato un peculiare tipo di lavoratori, in molte aree del continente europeo. È una tradizione secolare, per cui il valore fondante del lavoro risiedeva nell'indipendenza del lavoratore, nell'orgoglio per la sua attività, intesa come un'estensione della propria persona. Lo vedremo dettagliatamente nel caso dell'asilo di Clivio, un paesino del Canton Ticino ai confini con la Svizzera, abitato da lavoratori stagionali. L'orgoglio del lavoratore consiste nell'indipendenza del proprio lavoro. Se la reazione alla modernità nell'Inghilterra di fine XIX secolo era una reazione "dall'alto-aristocratica", la rivoluzione industriale comportò una trasposizione della cultura artigianale nell'ambito delle fabbriche.

Con la rivoluzione industriale, questo processo arriverà sino nell'educazionismo socialista di fabbrica. Tale fenomeno consisteva nello sviluppo di una propria

---

pedagogica, tecnica, intellettuale e morale ormai superata, non risponde più né al modo di vita né alle aspirazioni di un proletariato che acquista sempre maggiore coscienza del suo ruolo storico e umano". L'analogia con il mondo pre-industriale ormai condannato al passato, seppur azzardata, risulta interessante nell'ottica della reazione.

indipendenza, di un orgoglio per la professione, che permettesse ai lavoratori di non sottomettersi al paternalismo dell'imprenditore. L'emancipazione dell'uomo-lavoratore doveva passare dall'orgoglio di fabbrica, in questo contesti vanno inseriti, ad esempio, gli atenei operai frequentati da Francisco Ferrer al suo arrivo a Barcellona, negli anni della Restaurazione Borbonica. Anna Pellegrino ha studiato la cultura artigianale nel processo di trasformazione in fabbrica, nel contesto fiorentino[145]: «Questo nuovo tipo di artigianato vede modificarsi i processi lavorativi tradizionali in rapporto alle tecnologie ed al mercato, implicando anche una trasformazione sul piano dei rapporti di lavoro all'interno dell'unità produttiva artigiana. Non solo all'interno della bottega cambiano i rapporti rispettivi fra maestri e lavoranti, ma le funzioni e il carattere del «mestiere» ne risultano profondamente modificate. Alla fine di questo processo si può notare un singolare ma rivelatore

---

[145] Pellegrino, Anna, "Culture del mestiere e del lavoro artigianale", in "Mondi operai, culture del lavoro e identità sindacali", (a cura di) Causarano. A, Falossi. L, Giovannini.P; Edizione Ediesse, p. 282 Nel saggio si esplicita che l'esperienza fiorentina può essere considerata sul modello francese, opposto a quello inglese: "Se viene infatti facilmente riconosciuto nel modello inglese il prototipo di un tipo di industrializzazione basato sul sistema di produzione di fabbrica (pur con all'interno di essa un forte ruolo dei lavoratori specializzati e degli artisans inseriti nella catena produttiva industriale), il caso francese è per contro il modello di un tipo di industrializzazione nel quale il ruolo dei piccoli produttori indipendenti, degli artigiani, è fondamentale e caratterizzante"

slittamento semantico. Il termine artigiano, che veniva usato subito dopo l'Unità per dare una copertura unitaria «alta» alla enorme varietà di figure professionali del lavoro manuale, ora tende a scomparire come connotazione della figura sociale del lavoratore e a spostarsi in direzione del processo e dell'unità produttiva e infine del prodotto stesso.»[146] Non è un'opposizione netta tra l' "andare in bottega" e la vita di fabbrica. Fino agli anni 30, l'operaio di fabbrica non era infatti sotto il regime fordista, un anonimo elemento nella catena di montaggio: il possesso del mestiere rimane, nella fase di industrializzazione, molto importante.

In un Paese sulla strada dell'industrializzazione, ma non nel suo apogeo, il possesso del mestiere continua ad essere importante fino agli anni 20 e trenta del Novecento. La gerarchia del lavoro era dunque data dal possesso delle competenze tecniche, attraverso cui si potevano ottenere promozioni all'interno della fabbrica. Questo processo arriverà a un particolare associazionismo tra operai, che nel modello urbano continentale sono, al momento della trasposizione in fabbrica, "operai specializzati": «Le associazioni appaiono in questa ottica come un importantissimo veicolo di trasmissione di idee, mentalità, modelli di comportamento: all'interno della struttura associativa le pratiche e le aspirazioni comunitarie si definiscono, si precisano, divengono esigenza sociale prima e rivendicazione poi. Le associazioni dunque sono alla base, in quanto forme della rappresentanza degli interessi, della nascita di aggregazioni sociali e culturali che daranno poi forma ai futuri sindacati e partiti; è

---

[146] Ibidem

proprio all'interno di queste strutture che si forma una prima embrionale coscienza della appartenenza e cittadinanza sociale. È l'appartenenza a queste associazioni oltre e più che il mero dato sociologico della collocazione sociale di status che pare determinare le forme dell'identità e del riconoscimento sociale»[147].

---

[147] Ivi, p. 278

LA RICEZIONE E LA MITIZZAZIONE

«De aspecto frío, temperamento calculador, tuvo más amigos luego de morir que antes». [148].

La protesta universale

Nei giorni del processo, furono pochi tra giornali e intellettuali che sostennero fermamente Ferrer in loco, anche a causa del duro clima di repressione che investiva la città. Inoltre, molti elementi rilevanti dei settori anarchici e radicali, erano usciti indenni dal processo, e optarono per il silenzio. Un duro silenzio, che sugellò la triste fine di Ferrer. Con l'esperimento della Escuela Moderna, e soprattutto con la costituzione della Liga, Ferrer era comunque riuscito a creare un'importante rete di relazioni intorno alla sua figura: molti intellettuali anarchici e libertari scrivevano nelle sue riviste, mentre alcuni borghesi illuminati lo finanziavano, era un personaggio molto conosciuto nell'ambito dell'insegnamento laico e razionale. Nel 1906, la protesta in seguito all'Affaire Morral era stata di carattere elitario: molti studiosi impegnati, urlarono la loro indignazione per il processo di Calle Mayor. La protesta, però, non riuscì a coinvolgere le grandi masse del mondo popolare (con alcune eccezioni, soprattutto in Francia),e rimase in una dimensione "esclusiva". Questa volta, però, le cose erano diverse.

La Semana tragica non era stata un attentato ordito da

---

[148]   Maura, Joaquin Romero, La Rosa de Fuego, Grijalbo Edit p. 575

una mente inquieta e sovversiva, che terminava la sua funzione simbolica con la deflagrazione del momento. Era stata una sommossa popolare, che aveva coinvolto centinaia di migliaia di persone in tutta la Catalogna. Presupponeva un coinvolgimento emotivo delle masse che, necessariamente, la bomba anarchica non poteva provocare. La massa acefala e la sua natura spontanea fu in effetti la vera protagonista della sommossa. Ma, nei giorni del processo, in tutta la Spagna le proteste furono scarse e isolate.

Le mobilitazioni di Parigi

Il caso Ferrer ebbe però una risonanza incredibile all'estero. In tutta Europa, dalla Francia all'Italia, le piazze si mobilitarono in difesa dell'ingiusta condanna al pedagogo. Parigi, la città che aveva ospitato Ferrer durante il suo esilio, e nella quale aveva forgiato la sua anima anarchica e le sue conoscenze libertarie, il 9 Settembre 1909, era in uno stato di agitazione inaspettata: «El jueves 9 de septiembre, a primera hora de la tarde, los parisinos a quienes él la había llevado a la place de la Concorde, a la place de la Madeleine o a los grandes boulevards res fueron testigos de un acontecimiento insólito: por la calzada venia una larga fila de automóviles, a marcha lenta, escoltada por unos repartidores que distribuían a los viandantes unos prospectos titulados "Manifiesto a la Europa consciente".

Los pasajeros enarbolaban pancartas en que se podía leer: "Ejecución sumaria en España! ¡Van a matar a Ferrer!" y la identidad de los manifestantes: "Comité de defensa social", "Comité de defensa de las víctimas de la represión española". Salidos de sus oficinas, ante las cuales pasaba el cortejo, hubo periodistas que tuvieron ocasión de reconocer inmediatamente los más famosos de los manifestantes: Carles-Albert, secretario del Comité de Defensa Social; Almereyda, Pataud, Ricordeau (...). La multitud parece haber sido sorprendida, y la policía pasablemente despistada: la manifestation no fue bloqueada antes de llegar a place de la République, y para evitar que se juntase con los jornaleros huelguistas que lian entonces del Tivoli-Vauxhall; aiin se le dejó reanudar la marcha antes de detenerla definitivamente en las proximidades de la embajada de España[149]. Dunque, fu una iniziativa piuttosto curiosa, una manifestazione di automobili, secondo Esposito la prima che la Francia ricordi.

Fu il tentativo folkloristico ed estemporaneo, ideato dal "Comite de Defense des victimes de la Repression Espagnole", per "crear el acontecimiento", creare cioè l'avvenimento: «il ricorso all'auto, abile operazione mediatica, serviva ad evitare che una manifestazione numericamente esigua venisse repressa o dispersa. Inoltre assicurava una maggiore visibilità, creando una impressione favorevole tra i giornalisti e i passanti, visto che le auto erano allora uno status symbol e rivelavano l'appartenenza alla borghesia parigina dei contestatori»[150].

---

[149] Robert, Vincent; Verger, Eduard T. "La protesta universal" contra la ejecuciòn de Ferrer: las manifestaciones de Octubre 1909, in "Historia social", Autumn 1992, No. 14, ed. Fundaciòn Instituto de Historia Social, p. 62

[150] Esposito, op., cit., p. 125

Questa nuova forma di protesta e di mobilitazione il cui fine era occultare l'identità dei propri manifestanti per rassicurare polizia e istituzioni, aveva anche un altro grande vantaggio: l'elemento della violenza politica era inesistente, e veniva sostituito dal carattere folkloristico della manifestazione. In tal senso, la manifestazione in automobile del 9 Settembre avrebbe inaugurato un precedente, in grado di fare scuola in Francia negli anni successivi. Il "Comité de Defensa", fu un comitato fondato il 3 Settembre 1909 per garantire la difesa della repressione sistematica delle vittime spagnole. In effetti, molti spagnoli anarchici, come Ferrer a suo tempo, si rifugiarono a Parigi.[151] Fu questa organizzazione a dirigere la protesta parigina nei giorni seguenti, e in tutto il mese di Settembre. La stampa parigina si approcciò alla vicenda con poco entusiasmo, probabilmente più interessata alle nuove forme della protesta che al contenuto della stessa.

Ma le idee, le organizzazioni e gli appuntamenti collettivi circolavano con velocità in quei giorni di Settembre. Uno degli organi di stampa più efficaci nel libero flusso delle informazioni organizzative e dei resoconti da Barcellona, era la rivista "Humanité". Da questa, si può evincere un fenomeno piuttosto comune e già analizzato: ossia, la collisione di diversi interessi tra i vari mondi antiautoritari,

Ad esempio Antonio Fabras Ribas, all'epoca trentenne, sull'Humanitas criticò ferocemente l'iniziativa, definita:

---

[151]   Venendo ai nostri giorni, i comités de defensa, come istituzione, avranno un'importanza strategica di prim'ordine nel tentativo di secessione catalana del 2017, nella forma del CDR (Comités de Defensa de la Republica)

146

"demagogica tentativa iniciada por algunos momentos", i socialisti difendevano Ferrer non per il lavoro pedagogico, né per la sua persona, né per l'intellettuale, ma solo per il rispetto della vita. Questa visione è simile a quella prima citata di Fromentin: Ferrer sarebbe la vittima di una repressione che nulla ha a che vedere con le possibili intenzioni sovversive dell'accusato, ma con la libertà di pensiero e di parola. La critica sistemica è di carattere repubblicano, e si rivolge proprio ai metodi di governo della monarchia borbonica e del presidente Maura, che avrà nella gestione della Semana Tragica e dell'esecuzione di Ferrer, la sua definitiva condanna politica.

La mobilitazione di Parigi, guidata dal Comitato ebbe ovviamente gradi di intensità alternati da grande e collettiva collaborazione, ad altri in cui il caso Ferrer, lontano e ormai "discusso", pareva superato. Ciò che poteva preoccupare gli organizzatori del comitato era che l'attenzione generale per il caso Ferrer, stava inevitabilmente scemando, proprio quando si avvicinava il momento del responso giudiziario. In questo contesto, il Comitato procedette a creare una nuova manifestazione sullo stampo della prima , ma di proporzioni maggiori, con l'utilizzo di cinquanta automobili, un numero rilevante per il primo decennio del Novecento: «Con el fin de recuperar la iniciativa, dos días antes de la apertura del proceso, los defensores de Ferrer organizaron en París una nueva manifestation automovilística, más importante por el número -unos cincuenta vehículos- y la calidad de los manifestantes -una de las dos columnas incluye todo el estado mayor de la CGT, con Yvetot y Jouhaux al frente- pero que aun asi da testimonio de una incapacidad para movilizar mas alia de una vanguar- dia numéricamente restringida. En los días siguientes, la campana insistió hasta alcanzar su mayor nivel cuando se abrió el proceso en Barcelona. Nuevas ciudades se vieron afectadas; el lunes, el Partido Socialista organizó en Paris una gran reunión para obtener la gracia de Ferrer en qué Vaillant, Sembat y Jaures tomaron la palabra ante seis mil personas. Todo ello en vano: habiéndolo decidido Maura, Ferrer sería fusilado a la mayor brevedad».[152] A nulla servirono le richieste di grazia al governo spagnolo, e nemmeno la mobilitazione delle alte sfere del Partito Socialista francese e della CGT. Ferrer fu fucilato; le mobilitazioni, per quanto insoddisfacente potesse sembrare il risultato finale in una visione d'insieme, ebbero comunque una importante ripercussione nel mondo francese antiautoritario.

La ricezione intellettuale e le mobilitazioni in Italia

In Italia, grandi intellettuali e patrioti italiani appoggiarono convintamente la causa di Ferrer.

Giovanni Pascoli compose alcuni versi memorabili per Ferrer[153]. Il poeta evoca l'ardore dei roghi, la torre solitaria del Montjuich e la redenzione collettiva attraverso il suo martirio:

> *Uno scoppio di fucili*
> *Ubbidiente ad un cenno di spada*
> *Da dietro una torre solitaria cerchiata di*
> *mura e di fosse*

[152] Robert, Verger, La Protesta Universal, cit., p. 67
[153] Giovanni Pascoli, "Per Ferrer", Poesia dettata a Bologna il 13 Ottobre 1909

Echeggiò negli scogli della terra
rimbombò nelle vie del mondo
Ei pensatori alzarono gli occhi dal
libro
I lavoratori alzarono il pugno
dall'incudine
E si volsero al tramonto
Dove era bagliore di fiamme e odore
di roghi
FRANCISCO FERRER
Era là, caduto in un tetro
fossato
E gli uccisori incoscienti
sfilavano davanti al cadavere
insanguinato di colui
che volle redimere anch'essi infelici
stringetevi l'uno all'altro davanti a
questo martirio
o pensiero e lavoro umano
Quelli che Ferrer non potè redimere
colla parola
Li redimerà col suo sangue

La moglie del patriota risorgimentale Cesare Battisti, Ernestina Battisti, ricorda la particolare commozione che provocò la vicenda esistenziale nell'irredentista trentino, e cita una interessante dichiarazione di Ferrer durante la prigionia per il caso Morral, probabilmente nata dal rapporto epistolare con Fabbri :«Battisti, dopo aver partecipato col suo giornale alle proteste universali, dedicò al Martire particolari ricordi nella bella rivista settimanale, ch'egli cosi generosamente dedicava a Un'educazione popolare (Vita Trentina). Nel fascicolo del 6 Novembre pubblicò in facsimile il seguente brano di una lettera, che il Ferrer aveva scritto nel 1906 dal "Carcel Modelo" al Comitato della Scuola Laica in Roma : "Italia, esta nacìon tan entusiasta por el arte y por la libertad, serà una de las primeras naciones que se liberen del yugo teocratico, que es el padre de todos los yugos, gracia a su entusiasmo por la escuela laica". E Battisti annotava fra l'altro: «Non una parola di odio in tutte le sue lettere, e nemmeno contro i suoi più aspri nemici, e nemmeno mentre scrive dal carcere, ma sempre un palpito generoso per l'umanità. E perciò l'hanno fucilato!»[154]

Vi furono altri grandi intellettuali del tempo che vollero manifestare, seppur in condizioni di vita difficili, la propria vicinanza umana a Ferrer. Fra le varie voci levatesi in difesa del pedagogo, carica di commozione appare quella di Cesare Lombroso, che, «ammalato da tempo (ma tuttavia vivido di pensiero e dì lavoro) telegrafava all' Avanti! Il 14 Ottobre, sei giorni prima di morire: «Protestate anche col mio povero nome contro quell'assassinio, che è la, criminosa condanna di Ferrer. Era quello il povero nome di uno studioso, che un giorno, scrivendo alla sua fidanzata, così dichiarava la sua fede: "fare il bene, questa è la mia religione!»[155].

Si ricorderà il già citato carteggio tra Francisco Ferrer e Luigi Fabbri, durante il tempo della prima prigionia. Luigi Fabbri fu uno dei più importanti esponenti del pensiero

---

[154] Battisti, Ernesta. *Rievocando Francisco Ferrer y Guardia. Una pagina di riscossa anticlericale in Europa*, Ed. Grafiche operaie Albarelli, Verona 1952, p. 14

[155] Ivi, p.22

anarchico e libertario italiano della prima metà Novecento. L'avvento della radicalizzazione del fascismo in Italia, lo costrinse ad espatriare nel 1926, morì nella capitale uruguaiana, Montevideo, nel 1943. Il punto di contatto ideologico tra i due è da ricercarsi nel fervente anticlericalismo. La critica strutturale all'educazione religiosa, esposta già nel Convegno del Libero Pensiero, tenutosi a Roma nel 1904, è speculare a quella di Ferrer. Il "regime cattolico", attraverso un modello educazionista opprimente e totalizzante, sarebbe la prima causa dell'impossibilità di emancipazione degli individui. La propaganda che svolge Fabbri attraverso i vari periodici anarchici, tra cui "Il Pensiero", la rivista quindicinale da lui diretta, è certamente atta, come tutte le opere di educazione libertaria, alla necessità del risveglio delle coscienze assopite dalle secolari costrizioni dell'istituzione ecclesiastica, attraverso *in primis*, il monopolio delle coscienze. È una propaganda che vede nella rivoluzione attraverso la creazione di un "homo novus", a partire dal processo formativo, una *radicale necessità* per l'emancipazione.

Come si è visto in Ferrer, anche qui i metodi didattici sono propedeutici alla sottomissione ei bambini, all'accettazione passiva del potere: «è la funzione più specificamente *politica* che la formazione religiosa svolge nel fare opera sistematica di sottomissione e condizionamento, (...) l'insegnamento religioso non è assolutamente la presentazione di una specifica idea, ma contiene in sé la pretesa e la presunzione di essere l'unica vera conoscenza, e perciò si arroga il diritto di combattere tutte le altre».[156] Da questa disamina del *metodo* religioso di sottomissione, ne deriverebbe la necessità di non lasciare alcuno spazio di insegnamento ai clericali, che rappresenterebbero l'antitesi stessa del principio di libertà. Fabbri sostiene che la libertà "da", preceda la libertà "di": «solo se sarà dapprima garantita una condizione di uguaglianza e di libertà da ogni sfruttamento e oppressione, sarà possibile garantire anche ai religiosi la possibilità di esprimersi liberamente senza, però, che nessuno abbia gli strumenti concreti per imporre qualcosa a qualcuno».[157] Questo aspetto è stimolante, perché si collega con uno dei quesiti che abbiamo posto all'inizio: che ruolo avrebbe la Chiesa nella società di Ferrer perfettamente compiuta?

L'Istituzione ecclesiastica avrebbe potuto continuare a esistere, ma depotenziata del suo paradigma più vero: potrà esistere come forma, non come sostanza. In questa visione, l'istituzione ecclesiastica sarebbe infatti ontologicamente orientata a perfezionare nel tempo le proprie tecniche di dominio sul popolo, per garantirsi il mantenimento e il funzionamento. Nella società liberata (libera da), allora ci sarà spazio anche per questa Istituzione, ma prima è necessario che l'uomo compia quel processo di liberazione necessario all'emancipazione collettiva. Il percorso delineato da Fabbri contempla alcuni elementi peculiari.

Fabbri, sull'onda mazziniana e sull'esempio di Carlo Pisacane, volle rappresentare il nesso inscindibile tra pensiero e azione. Due sfere diverse, ma da tenere insieme

---

[156] Codello, La Buona Educazione, cit., pp-293-294
[157] Ivi, p.295

attraverso l'autodisciplina etica. Nella sua visione libertaria, vi è un elemento interessante che ha un riscontro solo parziale in Ferrer, ovvero il virtuosismo nella formazione di ciascuno, attraverso l'autoformazione etica. Da questo punto di vista, Fabbri è ideologicamente non lontano dalla Scuola-Asilo di Clivio[158] che, come si vedrà, venne fondata da un peculiare tipo di lavoratori, quelli stagionali, e dal loro orgoglio per il proprio mestiere. Emerge una visione anarchica come «un'idea morale di educazione del carattere».[159] Oltre alla già citata critica all'elemento religioso, ciò che accomuna i due uomini è la necessità di unione del carattere teorico e pratico, della riflessione e dell'azione, dell'impossibilità di limitarsi alla teorizzazione di un'idea, senza il tentativo di trasporla al mondo reale. Nell'attivismo di Fabbri e nella scuola di Ferrer, vi è il legame di intenzioni profondo e sincero che unisce la visione del dovere degli uomini, prima che le affinità di pensiero.

Le espressioni di indignazione dei numerosi intellettuali libertari italiani che, in un modo o nell'altro, offrirono il loro sostegno e la loro vicinanza morale all'ingiustizia consumata nei confronti dell'"apostolo della ragione", sono infinite, perché la figura di Ferrer era riconosciuta, grazie anche alla ricezione di Fabbri, in tutta la penisola. Ma conviene ora soffermarsi sulle mobilitazioni collettive e di massa che generò la sua condanna a morte in Italia. A differenza della protesta di tre anni prima, e sull'onda lunga del movimento parigino, la protesta non ebbe però solamente carattere elitario, ma fu una vera mobilitazione

---

[158] Vedi capitolo 3.2.1 della tesi
[159] Codello, La Buona Educazione, p. 289

di massa, che coinvolse varie città del nostro Paese, tra cui Roma Milano, e Napoli. Si protestava per il martire Ferrer, in una dimensione eterogenea e frammentata temporalmente delle mobilitazioni, che ebbero un carattere piuttosto peculiare. Seguendo l'ottima ricostruzione di Esposito, si possono riconoscere tre fasi diverse della protesta di massa nelle strade delle maggiori città italiane: «la prima fase vide coinvolti per la maggior parte solo i gruppi anarchici ed i periodici ad essi collegati, che furono gli unici ad occuparsi in maniera diffusa della questione(...).

La seconda fase coincise con i giorni del processo, cioè dall' otto-nove di Ottobre fino al tredici (...), iniziarono a mobilitarsi i socialisti, alcune logge massoniche e molti circoli del Libero Pensiero. La terza fase, infine, fu quella immediatamente successiva all'esecuzione, e vide una sostanziale unanimità di opinioni anche da parte dei liberali e dei giornali conservatori nella condanna dell'operato del governo spagnolo, unanimità che si ruppe ben presto quando cominciarono gli scioperi e le proteste operaie».[160] Secondo Fromentin, lo spirito e la funzione della mobilitazione era piuttosto chiaro: «manifestando per Ferrer si manifestava non pel rivoluzionario, non per l'educatore; si manifestava per il libero pensatore».[161] Tornando al contesto internazionale, si è visto come la protesta non fu simultanea, ma ebbe vari gradi e vari soggetti, in tempi diversi. A New York vi furono diverse

---

[160] Esposito, Francisco Ferrer y Guardia nella cultura italiana del primo Novecento, cit., p. 129

[161] Frogmentin, Alfredo, *La verità sull'opera di Francisco Ferrer*, cit., p. 11

manifestazioni di piazza, mentre a Buenos Aires, città con una forte componente anarchica e di immigrazione spagnola, fu indetto uno sciopero generale per tre giorni. Dal punto di vista della politica spagnola, L'ondata di proteste che investì tutta Europa e non solo, ebbe anche importanti conseguenze.

Al grido "Maura no!", le manifestazioni si propagavano incessamente, fino a conseguire la caduta del suo governo: Il "largo gobierno Maura" fu politicamente destituito in seguito all'azione del Partito Liberale, che approfittò dell'indignazione generale per accusare il governo e porre fine all'esecutivo. Ciò avvenne solo a causa dell'influenza estera, perché la Semana Tragica e la sua repressione, di per sé, non causarono sconvolgimenti politici interni. Fu la ricezione di questi eventi fuori dal Paese a decretare la fine del suo governo e del tentativo della rivoluzione dall'alto, il manifesto politico conservatore promulgato dal maiorchino per evitare che una rivoluzione prendesse piede dal basso.

Le esperienze sul modello Ferrer, da Clivio a Chuminopolis

La vicenda umana di Ferrer rappresenta la ribellione all'oscurantismo religioso e la volontà ferrea e profonda di costruzione di un'alternativa che emancipasse gli uomini dai pregiudizi e dalle paure interiorizzate in un processo secolare di indottrinamento. Ferrer fu un uomo d'azione e un'amante della vita, che seppe dimostrare vera integrità nei momenti di oscurità. Il sistema da lui proposto ebbe un'influenza importante in molte scuole d'Europa. Fu la sua morte a edulcorare l'opera che, d'altra parte, aveva degli aspetti assolutamente innovatori.

Il suo lascito, la sua eredità è certamente legata a Montjuic, e alla condizione particolare di Barcellona. Ferrer, da un certo punto di vista, è l'antropomorfizzazione della città. Una città aperta da sempre alle migrazioni, centro di attrazione per le idee anarchiche a causa del suo importante tessuto industriale, che però tende secolarmente a chiudersi in se stessa e nella propria identità. La sua eredità si incarna nelle sue ultime parole: sono innocente, viva la scuola moderna. Il lascito morale del suo progetto coincide la sua dimensione universalistica, attraverso la stoica accettazione della morte in difesa dei propri principi; l'eredità "pratica", fu invece il modello della scuola, su cui sorsero importante imitazioni laiche in tutta Europa e anche oltreoceano. Le esperienze del primo Novecento nel campo dell'educazionismo razionalista basate su quella di Calle Bailén sono varie e in questa sede ci si limiterà ad analizzare solamente le più importanti.

L'Asilo-scuola di Clivio e la scuola ferreriana di Losanna

Partiamo dal nostro Paese, e dall'interessante esperienza dell'asilo-scuola razionalista si Clivio, un paesino vicino a Varese, non distante dal confine con la Svizzera. La realtà di Clivio è ovviamente molto diversa da quella di Barcellona. Terra di lavoratori che varcano le Alpi per ottenere lavori stagionali, è abitata da uomini con una particolare indole, molto diversa dall'ideologia imperante nelle condizioni dei proletari nei borghi barcellonesi: «il carattere di questi marmisti, scalpellini, carpentieri, muratori, è molto diverso da quello dell'operaio-massa dei grandi centri industriali, è caratterizzato da una *fierezza* individuale del proprio lavoro, della propria autonomia e indipendenza»[162]. Vale la pena soffermarsi sul carattere di "fierezza individuale del proprio lavoro e della propria indipendenza". Si tratta infatti di un fenomeno che è già stato analizzato precedentemente.[163]

La seconda rivoluzione industriale causò, evidentemente, una trasformazione del lavoro che ha pochi precedenti nella storia dell'umanità. Rispetto a questo processo rivoluzionario, che aveva già preso piede nell'Italia giolittiana, soprattutto nelle aree del Nord, ma che era ancora largamente minoritario, i lavoratori di Clivio rappresentavano un mondo che custodiva con gelosia e orgoglio le proprie tradizioni secolari e la propria indipendenza del lavoro. Il modello su cui basava quella fierezza del proprio lavoro, quella gelosia per le proprie tradizioni, era l'idea per cui il lavoratore fosse egli stesso padrone dell'oggetto da costruire, senza mediazioni e senza "padroni". L'orgoglio professionale, era la parte essenziale dell'esperienza umana di questi lavoratori. La solidarietà che derivava tra i lavoratori *artigianali*, si applicava in maniera totalmente differente rispetto a quella proletaria. Era un principio solidarista basato sulla differenza, non sulla conformità dei lavoratori. Ognuno con la sua arte, ognuno geloso di questa, in un ambito forse più vicino alle corporazioni medievali

Da questo tipo di fierezza individuale, scaturì

---

[162] Codello, *La buona educazione,* cit., p. 541
[163] Nel paragrafo relativo all'orgoglio del mestiere

un'esperienza libertaria assolutamente peculiare. Gli uomini di Clivio «acquistarono il terreno, lavorarono all'edificazione del fabbricato nei periodi passati a casa e liberi dal proprio lavoro stagionale, e il 31 Gennaio 1909, finalmente, la scuola venne inaugurata, grazie anche alle molteplici offerte e sottoscrizioni provenienti da tutta l'Italia e da diversi paesi europei ed extra». [164] Dunque, questo primo elemento ci permette di notare la radicale differenza comparativa nella costituzione della scuola di Clivio rispetto all'Escuela Moderna.

Questa era sorta da un'idea di un repubblicano in esilio, grazie all'eredità di una signora borghese convertita agli ideali del progresso, quella era nata da un'"associazione" di lavoratori, che avevano essi stessi trovato il tempo e il modo di creare la scuola. L'influenza di Ferrer e della Scuola, però, è evidente e marcata in un altro aspetto: quello dell'insegnamento laico, fondato sulla fiducia nel progresso e nell'infallibilità del processo scientifico: «vi è qui, evidente, la ripresa dei valori del positivismo e del razionalismo (...) il tipo di insegnamento laico e libertario che vi si pratica, costituisce un pericoloso detonatore per il risveglio delle coscienze assopite degli abitanti della zona e come tale viene vissuto dai perbenisti che sviluppano tentativi continui di boicottaggio e opera costante di calunnie e maldicenze».[165] Come non rievocare il tentativo

---

[164] Ivi, pag. 542

[165] Ibidem. Sull'influenza del pensiero di Ferrer, poi, Codello ricorda anche il primo Bollettino della Scuola, in cui viene riportata anche una sintesi del manifesto della "Lega Internazionale per l'Educazione Razionale dell'Infanzia", fondata da Ferrer nel periodo successivo al caso Morral

della stampa filo-clericale catalana, degli intellettuali contrariati dall'arretratezza culturale(istituzionale) di Ferrer, che negli otto anni -dalla fondazione alla morte del suo protagonista-, cercarono in ogni modo di screditare l'esperimento scolastico e di attaccare la moralità e l'integrità di Ferrer.

Era in gioco, adesso come allora, il monopolio dell'educazione, che significava dunque il monopolio delle menti e dunque delle braccia di lavoro. La reazione ad un tentativo di sottrazione di monopolio, non può che essere brutale e impulsiva: infatti, un miglioramento della situazione dell'istruzione che prescindesse dal riformismo statale, era visto come un affronto (non senza ragioni da parte della Chiesa), al potere fondativo della stessa struttura gerarchica societaria. È la stessa motivazione per cui la Chiesa fu colpita nelle giornate di Luglio del 1909: la sua funzione, simbolica e reale, spirituale e secolare, era il perfetto bersaglio della furia popolare. Custode delle anime e custode delle menti, abbiamo visto che l'istituzione ecclesiastica era il vero fulcro del sistema educativo spagnolo[166]

(vedi cap.1)

[166] Non è questa la sede per attuare un'analisi comparativa tra la situazione spagnola e quella italiana nell'ambito educativo del principio del secolo passato. Si vuole, però, rimarcare la reazione comune delle classi popolari e dell'istituzione ecclesiastica al tentativo di sottrazione del monopolio educativo. Comunque, Il fatto di aver affidato inizialmente ai comuni (fino al 1911) l'istruzione primaria, in un Paese analfabeta come l'Italia, (nel periodo della nascita di Ferrer, l'analfabetismo in Italia rasentava il settantacinque per cento), destinando i fondi statali esclusivamente alla

Il volto di questa unica esperienza italiana era Anita Molinari, la prima maestra dell'Istituto, che però morì nel 1912. Anita Molinari era la sorella di una figura molto importante nell'ambito del mondo libertario dell'educazione italiana, il cremasco Luigi Molinari, che fu promotore di un ulteriore tentativo di proporre le tesi razionaliste nell'ambito educativo. A Mantova Luigi Molinari, autore del celebre "Inno alla Rivolta" creò, nello stesso anno della fondazione dell'Escuela Moderna a Barcellona, (1901), il quindicinale "L'Università popolare", organo di informazione anarchica che si proponeva di divulgare e propagandare le teorie ed esperienze libertarie italiane. La rivista ebbe una certa importanza negli ambienti libertari. Fino al 1918, Molinari né fu fondatore e contribuì alla diffusione di tale rivista.

Tornando a Clivio, la scuola conobbe un periodo di scarsa fortuna negli nei primi anni Dieci del Novecento, verrà poi chiusa per lo scoppio della prima guerra mondiale. L'aspetto di maggior interesse, al di là dei programmi d'insegnamento, riguarda la simpatia e le adesioni che, da una parte, questa esperienza scolastica generò in tutt'Italia, e la profonda avversione dall'altra. Forse fu proprio la sua unicità in Italia a creare una scissione dei giudizi. La polarizzazione delle opinioni è

---

scuola secondaria, appare in netto contrasto con l'obiettivo della convergenza nei livelli di capitale umano (nei riguardi dei paesi avanzati), a causa dell'inefficienza comunale. Solo dal primo decennio del 900 il processo di alfabetizzazione alzerà i ritmi, soprattutto grazie all'estensione della gestione statale: le norme sulla scuola iniziano a valere per tutte le regioni.

l'elemento decisivo in questo caso, perché, proprio come nel caso di Ferrer, il valore simbolico dell'opera supera quello didattico e contenutistico. Clivio fu un'esperienza breve, e in Italia rappresenta forse la ricezione più netta e diretta degli insegnamenti di Barcellona. Se in Italia non sorsero grandi esperienze scolastiche libertarie sull'ascendente di Ferrer, questo processo non può estendersi al resto d'Europa, dove la ricezione della sua opera fu radicalmente "ortodossa" in alcuni casi, e trasformata in esperimenti peculiari, in altri.

La scuola Ferrer di Losanna

Jean Wintsch era un medico pediatra anarchico nato ad Odessa nel 1880. Nel 1910 fondò a Losanna la "scuola Ferrer", che durò fino al 1919. «La scuola è frequentata da una cinquantina di ragazzi e di ragazze, dai cinque ai quattordici anni, e da un'altra cinquantina di adulti, che assistono a lezioni interessanti, poiché sviluppano in modo particolare aspetti e programmi che vengono abitualmente tralasciati dalla scuola ufficiale, soprattutto nel caso della storia sociale e delle scienze naturali».[167] A Losanna prese piede per un certo periodo l'intenzione utopica di Ferrer, di abbracciare nel suo alveo non solamente gli infanti, ma anche i padri e i lavoratori.

Gli insegnamenti laici, la coeducazione dei sessi, le abolizioni di premi e castighi, sono tutti elementi sviluppati a Barcellona; la differenza è che l'esperienza di Losanna era, in certa misura, sotto controllo statale: veniva infatti giudicato il livello degli alunni annualmente, con

---

[167] Codello, *La buona educazione, cit.*, p. 521

ispezioni di funzionari di Stato. Essendo una scuola ferreriana, è un compromesso piuttosto interessante. Infatti a Losanna non si procede attraverso la via del riformismo statale, gli insegnamenti sono prerogativa solamente del corpo docente, ma la presenza dello Stato c'è, seppur saltuariamente. È una presenza di tipo esterno, che si manifesta nei momenti del giudizio. Un aspetto che il radicalismo anarchico e anticlericale che caratterizzava Ferrer avrebbe giudicato in grado di inficiare la stessa struttura d'insegnamento: il pedagogo di Alella difficilmente avrebbe accettato un compromesso del genere; sta di fatto che la scuola sorse sull'ispirazione del razionalismo laico barcellonese, ed ebbe un certo successo.

La colonna portante organizzativa e didattica della scuola è rappresentata da una peculiare istituzione: «Il ruolo centrale è svolto dalla commissione pedagogica, che mantiene unitario lo scopo dell'intera struttura organizzativa, sia nel programma che nella concezione della disciplina(...), che funziona da collegamento tra vita scolastica e famiglie. La commissione è composta da tutti gli operatori scolastici, dai rappresentanti dei genitori, da delegati dei sindacati aderenti»[168]. Dunque, la caratteristica peculiare della scuola è di "unire l'officina all'aula", un'interazione tra i vari attori, a modo suo originale e unire cioè il nucleo familiare-educativo-lavorativo sotto un'unica grande sfera, in cui ogni dimensione possieda i suoi funzionari (delegati), affinchè i vari ambiti possano coesistere pacificamente, nella crescita collettiva dei più piccoli e degli adulti.

Il modello è di particolare interesse perché

---

[168] Ibidem

l'autogestione tiene conto di ogni dimensione umana, non vi è una idiosincrasia tra le diverse epoche della vita: si tratta di una *comunità* vera e propria, indipendente, autonoma e a sé stante. Un'isola in cui coesistono diverse funzioni e tappe della vita, in cui i genitori vengono educati, esattamente come i propri figli, alle idee libertarie e razionali del progresso. Una comunità con i propri delegati che prendono, collettivamente, le decisioni organizzative e didattiche, e che non devono "dare conto" a nessuno delle proprie azioni, pur sempre rispettando i canoni comuni anche alle altre scuole. Si tratta di un'esperienza separata non nettamente, ma parzialmente dalla sfera statale. Un'indipendenza piena dal punto di vista di leggi di convivenza interne, e solo parziale esternamente.

Sarebbe però un errore considerare l'esperienza di Losanna come una piccola isola felice, dove l'educazionismo libertario fungesse da collante tra i vari protagonisti, e dove le ideologie più radicali potessero convivere pacificamente. C'erano vari problemi, tra cui il livello non eccelso degli insegnanti e la necessità di cambiarli a ogni piè sospinto, insieme alla presenza di studenti con condizioni di partenza svantaggiate e difficili: «as elsewhere, the school encountered dome daunting practical problems, especially in the lack of continuity occasioned by a casual labor force and a constant turnover of often mediocre teaching staff , and by the internal clashes between Socialists, Anarchists moderates and Trade unionists, the fears of the parents,and the presence of a considerable number of infants anormaux».[169] Dunque

---

[169] Fidler, *The Escuela Moderna Movement*, cit., p.125

il progetto educativo di Losanna, nella sua dimensione utopica e collettiva, non riuscì a superare alcune lacune strutturali. Sul livello "mediocre" degli insegnanti nelle scuole razionaliste (in questo il caso di Losanna non è dissimile da Barcellona), molti critici hanno particolarmente insistito. Il paradigma su cui si basavano questi insegnamenti era ovviamente inviso all'alta borghesia e alle sfere statali, e spesso il cuore della critica, indirizzato ideologicamente ai contenuti dell'insegnamento, si tramutò in una feroce contestazione ai metodi dello stesso, e a coloro che cercarono di attuarli.

In Italia vi fu un ulteriore tentativo di proporre le tesi razionaliste nell'ambito educativo. A Bologna, nel, il cremasco Luigi Molinari, autore del celebre "Inno alla Rivolta" creò, nello stesso anno della fondazione dell'Escuela Moderna a Barcellona, (1901),il quindicinale "L'Università popolare", organo di informazione anarchica che si proponeva di ricondurre tutte le teorie ed esperienze libertarie italiane sotto un'unica egida. La rivista ebbe una certa importanza negli ambienti libertari, perché riportava le opere dei grandi pensatori europei. Fu però chiusa nel 1918, con la morte del suo fondatore.

Le esperienze britanniche

Nel capitolo precedente abbiamo avuto modo di affrontare, seppur indirettamente, il contesto britannico di fine secolo, in relazione al più vasto tema del "disagio per il progresso".

Le idee libertarie e anarchiche di Ferrer, ebbero grande risonanza anche nel mondo anglosassone. Nel primo ventennio del Novecento, in effetti, sorsero molte scuole influenzate dall'esperienza catalana: «The Liverpool Anarchist-Communist Sunday School (1908-1916) a Liverpool; The Ferrer School (1912-1915) a Londra; The International Modern School (1921-1928), a Londra. Tutte e tre si rifanno alla pedagogia di Ferrer e quindi a una impostazione positivista della cultura e dell'educazione. La funzione della scuola è vista molto come uno spazio di controinformazione e un luogo dove sicuramente l'accento è messo prevalentemente sui contenuti (alternativi), piuttosto che sui metodi. Questa enfasi sul sapere si giustifica, in parte, dal fatto che queste scuole si rivolgono soprattutto ai figli degli operai e della piccola borghesia, altrimenti esclusi dalla conoscenza ad un certo livello.»[170].

Si tratta dunque di scuole basate su una concezione fortemente positivistica degli insegnamenti, come a Barcellona. Il loro carattere antiautoritario, è rispecchiato nel tentativo di coeducazione delle classi sociali operaie e piccolo borghesi. La scuola di Ferrer, negli anni immediatamente successivi al 1901, aveva una conformazione sociale di stampo prevalentemente borghese, nonostante i tentativi del pedagogo di mascherarlo. In questo caso, invece, la maggioranza degli studenti deriva da famiglie operaie. Questo è un elemento da tener presente, dato lo stretto legame delle scuole londinesi con il mondo esterno e l'associazionismo operaio, e la ribellione antiautoritaria: «da queste scuole nascono le principali istanze libertarie relative all'anarcosindacalismo e l'antimilitarismo inglese e diventano col tempo vere e proprie fucine rivoluzionarie

---

[170] Codello, La Buona Educazione, cit., pp.616-617

che concorrono all'espansione di una cultura anarchica, rivelandosi non solo luoghi di studio, ma parte integrante del movimento libertario inglese».[171]

Secondo Codello, gli insegnamenti impartiti in questi centri sperimentali, tra Londra e Liverpool, non sono ovviamente funzionali al mantenimento dello status quo del potere. Sarà forse utile qui rievocare il carattere volutamente ludico (di un ludismo da intendere come propedeutico alla libera interazione tra i bambini, in cui si deve manifestare la trasposizione adulta del concetto di lavoro per Ferrer), degli insegnamenti previsto nel Primo Bollettino dell'Escuela Moderna. L'antiautoritarismo si combatte, in questa visione, attraverso metodi didattici innovativi, che possano permettere ai bambini, nella collettività, di formarsi ed emanciparsi al contempo, in un contesto non opprimente e soprattutto non angoscioso. Il tentativo riguarda lo stimolo della fantasia, della curiosità insita negli infanti, quell' aspetto solidaristico che Ferrer riteneva così importante nella formazione dell'individuo. Si tratta dunque di una impermeabilità rispetto ai metodi statali, e di un coinvolgimento più assiduo e visibile dei soggetti che definiscono, volontariamente o meno, la formazione dell'infante: i genitori in primo luogo, e poi gli insegnanti, in una riproposizione parziale del modello di Losanna.

Vi è anche qui il modello comunitario fondato sulla libera partecipazione e sulla nobilitazione delle caratteristiche innate di ogni bambino. Una scuola che, in un certo senso, "venga incontro" alle esigenze primarie di

---

[171] Ivi, p.620

ognuno, e si faccia promotrice di una formazione più serena, senza gli obblighi che derivano dalle severe formalità del sistema statale. In questo senso, una scuola più libera, in cui il bambino possa esprimersi senza paura del giudizio degli altri o di quella più volte citata "miserevole vanità", contro la quale Ferrer, giustamente, si scagliava nei scuoi scritti e nelle sue azioni. Questo modello va poi inserito nella dimensione inglese di un'educazionismo storicamente particolarmente severo e tradizionalista.

In questo contesto è necessario poi ricordare che l'operaismo inglese era molto più strutturato ideologicamente e più moderno dal punto di vista organizzativo, rispetto a quello spagnolo di inizio Novecento. Infatti, anche le esperienze inglesi fondate sul paradigma di Barcellona, seppur nelle loro peculiarità e nelle differenze che intercorsero tra gli sviluppi di Liverpool e Londra, avevano un legame profondo e inscindibile con il mondo esterno, e con interessi di classe peculiari, tanto da essere essi stessi espressione (ed estensione) del mondo operaio, secondo Codello. La differenza che intercorre con la dimensione spagnola, ancora una volta, è la questione anticlericale, su cui si è tanto insistito. La radicalità del progetto di Ferrer trovava la sua ragione nella radicalità dei metodi oppressivi e del potere totalizzante che caratterizzava secolarmente l'istituzione ecclesiastica nel mondo educativo.

Questo problema era meno presente nel contesto anglosassone, che doveva comunque scontrarsi con le influenze puritane del tramonto del periodo vittoriano, una rigida impostazione nell'educazione, fondata su un assoluto rigore morale, che i libertari di Londra cercarono di eludere, escludendo lo Stato dalla prerogativa dell'insegnamento. In certa misura, abbiamo proposto la situazione italiana come possibilmente comparabile alla Spagna, in relazione al monopolio ecclesiastico. Anche la scuola di Clivio, fondata dai fieri lavoratori stagionali che attraversavano il confine, si caratterizzò per .la necessità di un utilizzo radicale dei precetti razionalisti per "risvegliare quelle coscienze", che erano state spente da un secolare processo di manipolazione opprimente da parte della sfera statale. Aldilà dei diversi gradi di influenza che potesse esercitare l'istituzione ecclesiastica nei vari Paesi europei, conviene sottolineare che la ricezione del modello Ferrer si contraddistinse per la sua radicale opposizione all'interventismo statale, e in questo caso ebbe una degnissima eredità nel primo ventennio del Novecento londinese.

Il curioso caso messicano, un cambio di prospettiva

L'idea di Ferrer ebbe risonanza anche oltreoceano, soprattutto in Messico. Questo elemento è dovuto soprattutto alla mole importante di anarchici emigrati verso le terre del "Nuovo Mondo". In Messico, nella capitale, prese corpo un esperimento che forse può rappresentare la vera eredità di Ferrer, la Escuela Moderna de Mexico: «The manifest ideological and political component of the Escuela Moderna, probably found its clearest parallel in Mexico and Brazil, where the Escuela Racionalista was directed explicitly toward the uplifting of the masses, with important propagandist and workers' educational activities».[172]

In Messico la scuola razionalista di stampo ferreriano ebbe una diffusione piuttosto particolare, data anche la particolare situazione politica del Messico del tempo. La scuola che cercò di seguire il paradigma proposto fu fondata in una grande e sperduta città del Messico più profondo: si tratta della anonima Chuminopolis, a Mérida, nello Yucatan.

«y lo hace poquè tal escuela, muy a pesar de sus ideólogos, reproducìa el modelo capitalista y el esquema de producciòn que compartìa con el Estado, y a diferencia de la Iglesia como Instituciòn, el trabajo ocupaba el papel de Diòs. »[173]

Questo è un elemento interessante, perché mette in relazione l'idea di Ferrer e il capitale, di cui in questa sede si è parlato solo indirettamente. Seguendo questa analisi, il lavoro occupava il ruolo di Dio, mentre nella disamina fatta nel capitolo precedente, è la ragione e l'utilizzo della scienza a sostituire – o perlomeno tentare- la divinità religiosa. La divinizzazione del lavoro ("se exalta el trabajo como la Iglesia exalta Dios"), lungi dall'emancipare il bambino come singolo e collettività, sarebbe invece la base della creazione di un ulteriore dominio, seppur in forme diverse, ma sempre all'interno della dimensione capitalistica. Questa è la critica del marxismo ortodosso alle idee libertarie e anarchiche di Ferrer. Ferrer,

---

[172] Fidler, *the Escuela Moderna movement*, cit., p. 118

[173] Sánchez, Jaimè Garcìa, e Arias, Patricia Jàuregui, La escuela racionalista en México: entre Chuminopolis y Valdèn Dos, Odieso, Revista pedagogica de pedagogìa, 2020, p. 15

l'"apostolo della ragione", nel contesto in cui viveva, riteneva che la ribellione successiva al processo di libera formazione avrebbe portato, utopisticamente, a una palingenesi emancipatoria collettiva, di cui il meccanismo regolatore sarebbe stato il principio di solidarietà, insito in ognuno di noi, e pronto a manifestarsi nel momento dell'interazione con l'altro. "L'altro", nella visione di Ferrer, non è "l'altro da me", non è "alieno a me", ma è naturalmente simile, perchè dispone delle stesse facoltà, e degli stessi principi inespressi e negati dall'angoscia ecclesiastica. La sua visione del lavoro, dunque, è alterata dalla percezione totalizzante che egli ha, per certi versi giustamente, dello sfruttamento ecclesiastico. La critica forse dovrebbe concentrarsi più sull'idea del lavoro, che sul lavoro come oggetto.

L'idea del lavoro liberato è strettamente intrecciata con la necessità della ribellione emancipatoria. Tornando all'esperienza messicana, «en la vorágine revolucionaria no existía espacio para concretar un proyecto educativo nacional". Fue en un reducto de las ideas anarquistas donde se plantea lo que sería la escuela de los trabajadores: la casa del obrero mundial. Los mundiales, como en ese momento se les conoció, retomaron la idea de Ferrer en torno a la escuela racionalista»[174]. Fu nell'ambito del contesto rivoluzionario che i lavoratori riuscirono a creare le proprie scuole. Dunque, in Messico, sono le condizioni generate dalla rivoluzione a essere il preludio della possibilità di un nuovo modello di insegnamento. Approfittando della confusione del 1911, si formarono così le prime scuole razionaliste, che però fallirono nel loro

---

[174] Ibidem

170

intento. Le ragioni del fallimento sono da attribuirsi ai delicati equilibri interni nella politica messicana post rivoluzionaria, e nella remissività del movimento dei "mundiales" rispetto all'esercito contadino, che si organizzò militarmente, e con cui gli anarchici messicani dovettero scendere a compromessi negli anni successivi al 1911.

Ma, al di là dell'esperienza pratica della scuola dei "mundiales", che fu comunque degna di nota, e che ebbe fortune alterne, ciò che più interessa chi scrive è la possibilità di attuare un cambio di prospettiva, la possibilità di uscire dal paradigma eurocentrico. Dal punto di vista messicano,« al igual que en el nuevo mundo, el sistema eclesiástico tenìa como fin evitar el despertar de las conciencias y con ello, la posibilidad de la alteraciòn del orden establecido.»[175]Torna con ricorrenza la necessità di svegliare le coscienze dal torpore interiorizzato a causa del sistema ecclesiastico, ma in un processo di reminiscenza potenziato. Si attua dunque una riproposizione già vista nel contesto dell'imperialismo, un'analisi comparativa tra il mantenimento del potere della Chiesa sui banchi di scuola occidentali, e sui territori americani durante l'epoca coloniale. È chiaro, d'altra parte, che gli strumenti di critica utilizzati dall'autore, in una invettiva ideologica contro l'europa colonizzatrice, per certi versi giustificata, ma per altri molto strumentale, fanno parte del repertorio degli stessi strumenti concettuali utilizzati dagli europei per la critica al proprio sistema. In tal senso, se Ferrer non esce della tripartizione del paradigma cristiano, l'autore non esce dal giogo europeo.

---

[175] Ivi, p. 21

La creazione del Martire. Processi di mitizzazione collettiva

«Ferrer passa a torto per un letterato. Fu un filosofo dell'azione. Egli ha scritto molto poco. Si limitava a coordinare il lavoro altrui, ad adattarlo, a piegarlo ai suoi scopi. Era una tempra mirabile di organizzatore».[176]

Le manifestazioni di solidarietà e le varie mobilitazioni che investirono le principali città del Continente e d'Oltreoceano; le tante scuole di stampo educazionista e libertario che sorsero sul modello dell'Escuela Moderna, non devono però adombrare il fatto che Ferrer fu duramente criticato anche dopo la sua morte. Si prendano ad esempio le parole di Don Miguel De Unamuno, uno degli intellettuali di maggior prestigio della "Generacion del '98" ,di orientamento politico socialista e già rettore dell'Università di Salamanca: «se fusiló con perfecta justicia al mamarracho de Ferrer, mezcla de loco, tonto y criminal cobarde, a aquel monomaniaco con delirios de grandezas y erostratismo»[177] .

Ferrer è descritto come un matto, criminale e imbecille, una specie di mitomane attanagliato dall'ansiosa volontà di rimanere nella memoria dei posteri. Va detto, per inciso, che la figura di Unamuno sarà al centro di numerose critiche per la contraddittorietà dei suoi pensieri e delle sue azioni riguardo all'avvento al potere del regime franchista. La famosa frase pronunciata il 12 Ottobre 1936 di fronte a

---

[176] Fabbri, Luigi, *Francisco Ferrer y Guardia ultimo martire del libero pensiero*, Roma, Giulio Tuzzi Editore, 1909, p.36

[177] Lettera di Miguel de Unamuno riguardante la fucilazione di Francisco Ferrer.

José Millàn-Estray nell'aula magna della prestigiosa Università di Salamanca: "venceréis, pero no convenceréis", viene spesso intesa come un riscatto finale, un ultimo momento di lucidità e autocritica, rispetto a un passato piuttosto equivoco con la presa del potere da parte del franchismo. In ogni caso, De Unamuno, uomo coltissimo e grecista prima che romanziere, rappresenta forse quella sfera di intellettuali che non accettò mai la scarsa preparazione culturale del pedagogo, e che intese la sua opera come un tentativo tracotante di promuovere insegnamenti la cui portata potesse sfuggire anche allo stesso Ferrer, da cui deriverebbe la definizione di "monomaniaco con delirios de grandeza".

Come prevedibile, anche vari giornali di tendenza clericale iniziarono una radicale campagna di discredito postuma. La loro condanna netta post mortem, certamente non teneva presente la massima latina per cui "de mortuis nihil nisi bonum dicendum est", collocandosi in antitesi rispetto alla santificazione laica operata dai più. Si rievoca e si alimenta ora, post mortem, il processo di polarizzazione dei giudizi che aveva accompagnato Ferrer durante la sua vita. Non è difficile immaginare che la santificazione laica potesse creare le condizioni per un'avversità radicale alla mitizzazione della figura e la necessità di un revisionismo fondato però, più che sull'analisi dell'opera, su rancori individuali e intellettuali di lungo corso.

D'altronde, non fu necessaria la trasformazione in mito postuma per notare le prime e radicali critiche: la critica fu simultanea all'esaltazione, anche se su scala inferiore. Questa attrazione rafforza la tendenza a incanalare la sua figura dentro un solo paradigma interpretativo, come sempre accade, si tendono a esaltare pregi e difetti, affinchè essi possano essere funzionali agli scopi di chi rimarca tali elementi. La polarizzazione, nelle forme di santificazione laica e denigrazione postuma, ha più a che fare con coloro che esaltano la figura, piuttosto che con la figura stessa. Di Ferrer ci dice anzitutto che le controversie in vita vennero potenziate esponenzialmente post mortem. Questo dato fu la conseguenza della potenza simbolica della sua morte e delle reazioni emotive che generò all'estero, in prima istanza, e solo successivamente nella sua città.

D'altra parte, come detto in principio, gli stessi uomini che, con le loro azioni e con i loro silenzi accondiscendenti provocarono la condanna di Ferrer (soprattutto gli appartenenti al partito radicale repubblicano), di cui non furono colpevoli, ma moralmente responsabili, procedettero ad edulcorarne le opere in vita, cambiando necessariamente la portata storica e soprattutto il significato. Il fatto che in Ferrer si mescolassero elementi anarchici, repubblicani e socialisti, insieme alla sua poliedricità e all'impossibilità di ricondurre l'esperienza della scuola moderna a un solo fattore comune, è una delle ragioni principali dell'alone di mistero che aleggia sulla sua figura.

Ora, ciò che ci preme analizzare non è la reazione alla mitizzazione, ma perché e in quali modalità avvenne la mitizzazione della figura di Ferrer. Che importanza ebbe nelle varie componenti la reazione della condanna a morte in un processo la cui pregiudizialità e le cui irregolarità procedurali furono ravvisate immediatamente dai contemporanei?

Avilés dà una interpretazione di continuità tra il 1906 e il 1909: «ha fundado "en el país de la Inquisition y de

Loyola" una escuela laica militante. Tampoco es el primero, aun cuando es el más conocido fuera de España. Es anarquista y librepensador. Todas estas características bastan para explicar que se haya convertido en uno de los chivos emisarios de la reacción española pero no que se pudiese convertir en cinco semanas en un mártir ejemplar a los ojos de la izquierda francesa. Si ha llegado a serlo es porque todos esos rasgos, que aseguran la difusión de su imagen en la sociedad francesa, ya han sido revelados cuando encarcelaron Ferrer por complicidad en el atentado de Morral contra Alfonso XIII, antes de ser puesto en libertad por falta de pruebas».[178] Le proteste, come si è analizzato, furono di natura radicalmente diversa, ma la tesi della continuità nel tempo tra le due vicende giudiziarie e la creazione della figura espiatoria in due fasi come fondamento della mitizzazione è forse plausibile, anche se non tiene conto di alcuni fattori.

Alla testa del Comitato vi era certamente gente che aveva conosciuto Ferrer, che aveva vissuto con lui gli anni dell'esilio, per cui la correlazione non sembra peregrina. Si ribadisce qui però che la capacità di mobilitazione generale che ebbero le manifestazioni del 1909, va riscontrata anche nei personali interessi di dimensione interna ai vari Paesi. Da un certo punto di vista, la sua figura fu forse strumentalizzata per scopi interni anche all'estero, mutuando l'ottima espressione di Fabbri si potrebbe dire che "manifestando pel Ferrer, si manifestava, anche, per il *proprio* libero pensiero".

Abbiamo ripetuto più volte che l'impossibilità di

---

[178] Robert, la protesta universal, cit., p.76

catalogare l'enigmatica esperienza di vita del protagonista, tra la Spagna e i suoi soggiorni- forzati o meno- all'estero, in un'unica dimensione ideologica o di pensiero, va correlata ai contrasti atavici, propri dei tanti gruppi anticlericali catalani. Le tesi dell'accusa che condannarono a morte Ferrer si fondarono, implicitamente, sulla necessità di reductio della multidimensionalità di Ferrer. In questa prospettiva, si potrebbe leggere l'intera vicenda del processo e della morte come una antropomorfizzazione della conflittualità interna al mondo anticlericale catalano.

Ferrer fu fucilato in quanto "anarchico e sovversivo", ma soprattutto in quanto libero pensatore. L'esperienza della Escuela Moderna, con il suo radicale e antiautoritario anticlericalismo minava le fondamenta stessa della società spagnola del principio di Secolo, era dunque pericolosa in quanto pericolose erano le idee su cui si basava l'insegnamento. Conviene ora analizzare il comportamento dei molti che, con i loro silenzi remissivi, hanno reso possibile la condanna stessa, rendendosi colpevoli di essersi estraniati dalle proprie responsabilità. A scanso di equivoci, la responsabilità materiale dell'ingiusta morte di Ferrer ricade certamente sul "partito dell'ordine" per utilizzare i termini di Galceran. Osservando però le divisioni nell'alveo dei movimenti antimonarchici e anticlericali, ossia tra gli anarchici, i repubblicani, i socialisti e i nazionalisti catalani, pare evidente scorgere una lotta interna molto più profonda rispetto a quella esterna.

Fu questo il limite dei moti di Barcellona e il loro fallimento: le diatribe interne alle varie fazioni, l'impossibilità di riconoscersi sotto un'unica bandiera (in generale, il limite dell'"anti"). Il partito socilista non aveva
176

rappresentanza politica, il partito repubblicano vedeva i suoi elementi più validi in esilio, mentre l'elemento anticlericale, presente in tutte le fazioni, non bastò come collante per un'azione collettiva. Gli interessi di bottega ebbero il sopravvento sulla comunità di intenti, e la rivolta cadde nell'oblio, ma Madrid aveva bisogno di un capro espiatorio riconosciuto a livello nazionale, e trovò in Ferrer la figura perfetta. Oltre alla antropomorfizzazione delle conflittualità catalane, il pedagogo era conosciuto dalle autorità per il caso Morral e questo elemento, seppur circoscrivibile, connotava il personaggio Ferrer di una tendenza strutturale al tentativo di sovvertire lo status quo.

La leggenda nera del Montjuich ha certamente influito molto sul processo di mitizzazione della figura e dell'opera di Ferrer. Dal 1894 al 1898, negli anni dei processi sommari per "la triade anarchica", il fortino costruito sulle pendici dei colli che proteggono Barcellona diventò un luogo tenebroso, simbolo di un potere conservatore e reazionario che incriminava e condannava ogni elemento sovversivo. Il Montjuich rese possibile dunque l'identificazione profonda tra la figura del pedagogo e la città. Il martirio, se doveva avvenire, aveva il suo luogo prestabilito e rivestito di laica sacralità. Ferrer e il Montjuich sono un elemento indistinguibile, inseparabile, la bella statua di bronzo che oggi campeggia sul colle, ne è un indicatore, oltre che un monito per i contemporanei.

Il mito di Ferrer si basa sulla fucilazione in un luogo leggendario, mentre il suo martirio alimenta la leggenda stessa del castello. È un processo di alimentazione reciproca, tanto cara all'immaginario comune: basta recarsi in quel luogo per comprendere che il mito del Montjuich, già elaborato nella prima decade del secolo XX, non ha cessato di esistere; oggi è ovviamente relegato a un passato tetro che genera un fascino quasi mistico nei racconti della popolazione. Ogni generazione, nelle circostanze in cui si trova ad affrontare il proprio presente, utilizza i luoghi e gli spazi che li circondano in maniera peculiare e differente. Sono le circostanze e le condizioni particolari che si trova ad affrontare ogni generazione a determinare il mutamento del significato dell'ambiente lasciato in eredità dalla generazione passata.

Il Montjuich, simbolo storico di tutela, di rifugio cittadino e di difesa dagli attacchi nemici, non si sottrae a questa legge storica, e muta il suo significato nel corso del tempo. In un certo senso, lo inverte. Le fortificazioni, senza eccezioni, sono costruite per proteggere, su pendici che il popolo osserva da lontano e che considera rassicuranti, proprio perché distanti. L'altezza, la lontananza, genera un senso di protezione e di conforto. La prima fortificazione del Montjuich risale a metà del XVII secolo, per la difesa della città dalle truppe castigliane, in una delle tante guerre che la città durante tutto il Seicento e il Settecento, il fortino, trasformato in castello, assume il ruolo di difesa dai nemici esterni.

Dal secolo XIX, però, si manifesta un radicale cambio di funzione e dunque di significato del castello. Il cambio radicale di significato non risiede nella potenza di difesa della città, ma nell'elemento considerato pericoloso e nocivo per la città stessa. Il nemico passa da essere esterno, a interno: si passa dunque dal rischio di invasione al rischio di sovversione. In questo processo, è evidente che un nemico interno susciti reazioni emotive profondamente differenti nella popolazione. Con questo, non si vuole
178

suggerire che la reazione degli autoctoni sia più umana o benevola o comprensiva ora rispetto al passato "esterno". I nemici interni possono infatti provocare maggior astio, maggior odio e incomprensione di quelli esterni, a causa della loro familiarità e della divisione degli stessi spazi, nello stesso tempo storico; dunque il coinvolgimento emotivo viene potenziato in grado superiore, perché il nemico interno implica corresponsabilità e odiosa familiarità[179].

Il processo di agnizione nella tragedia greca era il riconoscimento dell'identità del protagonista alla fine di un lungo viaggio, di esperienze e traversie. La creazione della figura espiatoria, racconta poco del martire, ma molto di chi ne è artefice e del processo di mitizzazione. È il riconoscimento della propria colpevolezza il fattore che si manifesta nella mitizzazione altrui. Il riconoscimento di sé nella fine dell'altro. La continuazione di sé nella morte dell'altro, vicino a noi. La mitizzazione fu necessaria affinché il silenzio generale, causa indiretta ma fondamentale dell'esecuzione, potesse continuare a vivere serenamente. D'altronde, tornando agli eventi della Semana Tragica, non può sorprendere il fatto che Lunedì 2 Agosto 1909, dopo una settimana di sangue e sommosse generalizzate, gli operai catalani fossero tornati tranquillamente al lavoro, e gli industriali li avessero

---

[179] Questo processo di trasformazione del significato del fortino, raggiunge forse il suo culmine con la Guerra Civile spagnola e immediatamente dopo. Nel 1940, fu fucilato a Montjuich Lluis Companys, presidente della Generalitat de Catalunya. Il castello diventò poi, durante gli anni '60 della dittatura franchista, un museo militare.

accolti come se la settimana passata fosse stata un semplice incidente di percorso. Come se, in fin dei conti, nulla fosse cambiato. In effetti, nulla era cambiato in questa città dalle abitudini città paradossali: «Barcellona, dopo aver pianto, ride a quest'ora! (…) dopo aver pensato ai morti, di giorno, i vivi pensano a se stessi, di notte: Barcellona sembra una immensa féerie… ma io so che nessuno si è ricordato, oggi, neanche per un minuto, della tomba di Francisco Ferrer y Guardia. E questo pensiero pietoso umanizza la mia curiosità, la spoglia di quanto poteva aver di mondano, la nobilita e la corazza contro tutte le frecce dell'ironia».[180]

Gli operai tornarono ai posti di lavoro di sempre e i politici alle loro noiose dispute e diatribe ataviche. Con il martirio di Ferrer, le vere colpe venivano cancellate e il silenzio corresponsabile veniva assorbito e inglobato dalle chiassose vie di quella città di perdizione. L'autoassoluzione, la rassegnazione alle ingiustizie sociali, erano elementi che Ferrer avrebbe voluto sradicare attraverso la sua opera educativa, ma finirono per essere determinanti nel suo tragico ed esemplare epilogo. Gli artefici di questa gloriosa santificazione laica vanno cercati innanzitutto tra i mancati colpevoli di Luglio, e poi nell'ingenuità e nella speranza di cambiamento popolare.

Conviene chiedersi a chi potesse giovare la santificazione laica di Ferrer. Fu infatti un fenomeno certamente spontaneo, ma che servì a ripulire molte coscienze, a evitare di fare i conti con il passato. Ricordiamo che Ferrer non fu l'unico ad essere giustiziato per i fatti di Luglio. Con lui, quattro anonimi manifestanti

---

[180] Campolonghi, L'assassinio di Francisco Ferrer y Guardia,
    cit., p.144

persero la vita sotto il "rombo dei fucili". Nessuno di loro aveva ucciso, nessuno di loro era un personaggio di rilievo nel campo anticlericale barcellonese, ma furono fucilati per reati "non eccezionalmente gravi", nell'ambito di una rivolta spontanea.

Ciò che interessa qui è che nessuno di loro fu investito di quel processo di santificazione derivata dal martirio del capro espiatorio. La loro anonimità esistenziale non fu capovolta dalla morte. Ferrer, invece, era conosciuto da anni dal grande pubblico. La sua condanna aveva certamente un significato diverso. La sua figura incarnava, agli occhi di Madrid, le varie sfumature ideologiche di opposizione al regime: ciò fu evidente nella costruzione delle tesi accusatorie. Ferrer fu accusato- a ragione o a torto-, di essere un sovversivo, un anarchico e un pericoloso rivoluzionario, ma fu ucciso in quanto libero pensatore.

Conclusioni

Il sangue e l'inchiostro

Generalmente, nella vulgata popolare spagnola, la Semana Trágica è ricordata per i roghi degli edifici ecclesiastici e per l'ingiusta e strumentale condanna a morte di Ferrer. Il fenomeno del capro espiatorio, dell'individualizzazione di una colpa collettiva, in questo caso è particolarmente evidente, data la natura conflittuale ed eterogenea dei "blocchi" avversi al regime vigente. La ritualità e l'esemplarità del sacrificio è l'elemento fondativo, essa dona potenza alla figura sacrificata, capace di influenzare l'immaginario comune. Le ultime parole del condannato rappresentano, generalmente, la carta d'identità dell'uomo e la sua possibile eredità morale. Il concetto ciceroniano di Historia Magistra vitae ha poco valore scientifico nel mondo contemporaneo. La Storia si ripete sempre, ma in forme e contesti differenti. Le coordinate i temporali e spaziali in cui gli uomini devono vivere, tendono ad inglobarli, ad attanagliarli.

Questo è ancor più vero nell'eterno presente della contemporaneità. D'altro canto è però vero che, alcune sensazioni profonde e di lungo periodo, sono comuni a tutti gli uomini, nessuna cesura storica ha il potere di eliminarle. Dato questo elemento, è forse possibile ricavare qualche insegnamento dalla storia personale di una figura come Ferrer? È possibile e doveroso mantenere viva la sua memoria? È un interrogativo che si è posto, più di trent'anni fa, Vincent: "por que mantener su memoria cuando la muy católica monarquía española que lo hizo fusilar no puede ya figurar ni el orden ni la opresiòn de manera convencente?" La domanda retorica con cui chiude il suo saggio, ci mostra indirettamente che Ferrer non è un simbolo senza tempo, come dice invece Fabbri.

Essendo un simbolo della Spagna reazionaria di inizio Novecento, "figura sconosciuta o marginale ai nostri occhi", la sua importanza andrebbe rintracciata esattamente in queste coordinate: non si tratterebbe, cioè, di un portatore di valori universali, che possano essere riciclati in ogni epoca e utilizzati a proprio piacimento. La sua figura sarebbe ontologicamente legata e opposta conflittualmente al potere assoluto esercitato dalla monarchia ecclesiastica spagnola. Questa visione ha sicuramente il merito di enfatizzare la dimensione fondata sulla storicizzazione della figura, ma corre il rischio di circoscrivere alcuni valori universali in una sola epoca, e così facendo, ingabbiarli. Ferrer era figlio del suo tempo, un tempo impregnato di ideologia positivista, un tempo in cui l'imposizione opprimente del potere rendeva soffocante ogni pretesa di cambiamento e, dunque, necessariamente radicale la risposta.

L'impianto metodologico che ho cercato di adottare, si è basato sul presupposto di tener separati, seppur in una necessaria visione d'insieme, l'individuo e il martire, l'anarchico e il pedagogo, la storia e il mito. In un bilancio tra le varie anime di Ferrer, è interessante la considerazione che ne fa Avilés nel suo saggio già citato: «lo mejor que se pue que puso su fortuna por ella. Lo peor es que fue un fanatico, dispuesto a usar la violencia para imponer sus ideas. En ambos aspectos fue significativo de esa fe revolucionaria que tan importante papel jugó en la historia de Europa. Entre los dos siglos que transcurrieron entre la toma de Bastilla y la caìda del muro de Berlìn. La fè es una revolución que traería la felicidad a los hombres y las mujeres en este mundo. En definitiva, una visión secularizada de la soteriologia cristiana ».[181] Forse il bilancio di Avilés può apparire piuttosto negativo, (anche perchè l'analisi è fondata quasi esclusivamente sugli scritti pubblicati dalla Huelga fino al 1903, riproponendo in certa misura le tesi dell'accusa al processo), ma in esso si riscontrano alcuni elementi che ho cercato di sviluppare attraverso l'analisi dell'opera pratica, la sua grande eredità. La visione idealistica si mischia e si confonde con la pretesa millenaristica, desacralizzata dal marxismo, di un orizzonte che non contempla più la trascendenza per la felicità collettiva.

Gli interrogativi che rimangono riguardano soprattutto i metodi per arrivare a questa palingenesi del genere umano. Il fanatismo a cui si fa riferimento potrebbe forse essere proprio dell'autodidattismo del pedagogo, e della volontà di convogliare le proprie energie sulle azioni pratiche. Con questo elemento si spiegherebbe anche l'avversione radicale di molti intellettuali del tempo per la sua figura, per la sua impreparazione culturale, e le radicali opposizioni per la creazione di un modello destinato a fare scuola. Ferrer spese quasi tutti i soldi dell'eredità della signorina Meunier, la borghese convertita, per la rigenerazione collettiva attraverso l'educazione. Con questo gesto attrasse a sé le ire dei compagni dei vari schieramenti di sinistra, che avrebbero voluto utilizzare quei fondi direttamente per la causa. La

---

[181] Avilès, Republicanismo, librepensamiento y anarquismo, cit., p. 23.

causa antimonarchica e soprattutto anticlericale, che egli non abbandonò mai, segmentando la sua multiformità nei vari mondi antagonisti.

Le critiche apportate non si rivolgono all'uomo idealista o alle sue nobili intenzioni di emancipazione e miglioramento delle condizioni dei bambini, che vivevano effettivamente una realtà difficile e stagnante. Che cosa possiamo imparare dalla sua storia? Il martirio, ex post facto. è un monito, affinché un evento che urti radicalmente con le convinzioni valoriali su cui si fonda ogni società, non si ripeta. L'aspetto che più mi ha interessato nel tentativo di ricostruzione della sua figura, è la polarizzazione endemica che una personalità così peculiare porti con sé. Una polarizzazione che, come si è visto, nemmeno la fine esistenziale può cedere del tutto. L'infanzia di Ferrer molto probabilmente fu decisiva nei termini delle salde convinzioni teoriche che raggiunse in età adulta, da autodidatta e libero pensatore.

Fu un uomo che orientò i suoi progetti di vita verso la costruzione di un'alternativa radicale a ciò che aveva vissuto, o meglio non vissuto, nel paesino natale, a pochi chilometri di distanza da Barcellona. La radicalità delle sue intenzioni fu proporzionalmente diretta rispetto alla radicalità del sistema educativo opprimente vigente all'epoca dei fatti. Il suo tentativo di cambiare la situazione contingente, in ultima analisi, riuscì soprattutto a causa (o grazie) alla sua morte. È possibile considerare la sua opera *solamente e integralmente* in funzione del potere simbolico che ebbe la sua peculiare morte? Il significato stesso della sua vita ebbe un capovolgimento radicale, un potenziamento strutturale nelle modalità in cui ebbe fine, ma fino a che punto? Ho tentato di rispondere, attraverso una ricostruzione che cercasse di evitare proprio la tendenza retrospettiva che, in una figura così peculiare come la sua, rischia di essere totalizzante. Campolonghi, che scrisse pagine bellissime sulla sua visita al Mas Germinal, la residenza di Ferrer a Montgat, collega l'etimologia della dell'abitazione a una *necessità di speranza*, perché qualcosa dovrà pur germogliare, un giorno dal suo sangue, in un non lontano Aprile. È questo il grido romantico di chi ha vissuto quei tragici giorni di autunno, è questa la volontà di evocare la sua figura, il suo martirio, la sua tomba, le sue ragioni più vere e il suo significato più intimo.

"Quelli che Ferrer non poté redimere con la sua parola, li redimerà col suo sangue", scriveva Pascoli in relazione alla fucilazione al Montjuic. Il sangue e l'inchiostro, la vita e la morte. Un'aspirazione all'universalità dell'emancipazione che nemmeno la morte può fermare, ma che anzi alimenta e potenzia, fino a trascendere i confini temporali. In questo, Ferrer è *esemplare*, la sua figura funge da monito e modello per i posteri, la sua dignità di fronte all'esecuzione ne riveste la figura di universale umanità. Nell' incessante e persistente intreccio esistenziale, in cui non sembra esserci cesura, né soluzione di continuità, la morte rappresenta il malinconico e paradossale coronamento della vita e, con le ultime parole di un altro celebre anarchico, "l'agonia è il suo trionfo".

BIBLIOGRAFIA

⊚ Archer, William. *The life, trial and death of Francisco Ferrer*, Ed. Moffat and Yard company, New York, 1911

⊚ Avilès, Juan, *Republicanismo, Librepensamiento y revoluciòn: la ideologìa de Francisco Ferrer y Guardia*, in "Ayer" (2003), No 49, La politica exterior de Espana en el siglo XX (2003), pp. 249-273

⊚ Battisti, Ernesta, *Rievocando Francisco Ferrer y Guardia*, Grafiche Operaie Albarelli, Verona, 1952

⊚ Benigno, Francesco, *Terrore e terrorismo, saggio storico sulla violenza politica*, Torino, Giulio Einaudi editore, 2018

⊚ Berta, G., *Capitali in gioco. Cultura economica e vita finanziaria nella City di fine Ottocento*, Venezia, Marsilio, 1990

⊚ Boyd, Carolyn, *The Anarchists and Education in Spain*, 1968-1909, in The journal of Modern History, Dic. 1979, Vol. 48, No 4, The University of Chicago Press

⊚ Cain, J.P e Hopkins G., *Gentlemanly capitalism and Vritish expansion overseas, I*, The old colonial system, in Economic History Review, 39, 4, 1986

⊚ Campolonghi, Luigi, *L'assasinio di Francisco Ferrer y guardia*, Genova, E. Palagi Editori, 1909

◉ Desilet, Gregory e Appel, Edward, *Choosing a Rethoric of the Enemy: Kenneth Burkes's comic frame Warrantable Outrage and the problem of scapegoating*, in Rhetoric Society Quarterly, 2011, Vol. 41, No.4, 2011, Taylor and Francis, Ltd.

◉ Esposito, Francesca, *Francisco Ferrer y Guardia nella cultura italiana del Primo Novecento.* Tesi di Laurea in Storia Contemporanea, aa. 2001-2002, Università di Bologna

◉ Fabbri, Luigi, *Francisco Ferrer y Guardia ultimo martire del libero pensiero*,Roma, Giulio Tuzzi Editore, 1909

◉ Ferrer y Guardia, Francisco, *La Escuela Moderna*, Barcellona, 1912

◉ Francisco Ferrer y Guardia, *La scuola moderna e lo sciopero generale*, Lugano, Ed. La Baronata, 1980

◉ Freinet, Celestin, *La scuola del popolo*,Roma, Editori Riuniti, Luglio 1973

◉ Frogmentin, Alfredo, *La verità sull'opera di Francisco Ferrer y Guardia*, La Scuola Moderna, Bologna, 1910

◉ Giulianelli, Roberto, *Fonti sull'educazionismo libertario, le lettere di Francisco Ferrer a Luigi Fabbri (1906-1909)*, in Spagna Contemporanea, 2006, n.29, pp. 125-144

◉ Idler, Goffrey,C. ;*The Escuela Moderna Movement of Francisco Ferrer: Por la verdad y la Justicia*, in: "History of Education Quarterly, Vol.25 no.1/2;

◉ Juicio ordinario seguido antes los tribunales militares en la Plaza de Barcelona contra Francisco

Ferrer y Guardia

) Leroy, Constant, *Los Misterios del Anarquismo*, KLC, 2013

) Maura, Joaquìn Romero, *La Rosa de Fuego*, Grijalbo Edit, 1975

) Olmo, Pedro Oliver, *Torture in Spain: the construction of a concept for political denunciation"*, in "Crime, Histories Societies, Vol. No 3, n.1, (2019)

) Papa, Catia, *Giovani anni Settanta: attori, modelli, movimenti,* in Balestracci Fiammetta, Papa Catia (a cura di), *L'Italia degli anni Settanta, Narrazioni e interpretazioni a confronto*, Rubettino Università,

) Pellegrino, Anna, *Culture del mestiere e del lavoro artigianale*, in "Mondi operai, culture del lavoro e identità sindacali", a cura di Causarano. A, Falossi. L, Giovannini.P; Edizione Ediess

) Ribas, Antoni, *La Ciudad quemada*, 1976 (fonte cinematografica)

) Robert, Vincent ; Verger, Eduard, J. *La protesta Universal contra la ejecucòn de Ferrer: las manifestaciones de Octubre 1909*, in Historia Social, (Autumn 1992), Fundaciòn Istituto de Historia Social, 1992

) Rousseau, Jean-Jacquet, *Emilio o "Dell'Educazione"*, 1762

) Sanchez, Jaimè Garcìa, e Arias, Patricia Jàuregui, *La escuela racionalista en Mexico: entre Chuminopolis y Valdèn Dos,* Odieso, Revista pedagogica de pedagogìa, 2020

) Spring, Joel, *L'educazione libertaria,* prefazione di Marcello Bernardi, Elèuthera,

Milano, Nuova Edizione 2015

◎ Ullman, Connelly Joan, *The tragic week: a study of anticlericalism in Spain, 1875-1909*, Cambridge, Massachussets, 1968

◎ Wiener, m. *Il progresso senza ali*, Bologna, Il Mulino, 1985